MASTERS METHOD

捕手的視点で勝つ

役立つキャッチャー思考・技術&他ポジション・攻撃への活用法

里崎智也 著

廣済堂出版

捕手的視点で勝つ

はじめに

野球というスポーツにおいて、捕手は「司令塔」「グラウンドにおける監督」などと言われる。「ボールの捕り手＝捕手」というネーミングの由来からは、単にマウンドからの投球を受けるだけのイメージしか連想されないが、少なくとも現代のプロ野球において、その役割は重要だ。「捕手の力」が勝負の行方《ゆくえ》を左右する場面を挙げたら、きりがない。

相手打者のスイング傾向を頭の中に叩《たた》き込み、打席での挙動を逐一《ちくいち》観察する。さらに、相棒である投手の特徴や調子を感じ取ったうえで、配球を考える。味方の野手8人とは逆の向きに正対し、守備位置に気を配り、指示も出す。広い観察眼を持ち、常に頭をフル回転させなくてはいけないポジションだ。

もちろん、プレーそのものにも高いスキルが求められる。投球がショートバウンドになれば、体を張ったブロッキングで後逸《こういつ》を防ぐ。相手走者が盗塁を試みれば、阻止するために素早く正確な送球をしなくてはいけない。2017年のコリジョンルール制定により、走者がタックルまがいの本塁突入をすることは減ったが、本塁ベース前の最後の砦《とりで》として、野手からの返球を受けたら臆《おく》せず相手走者にタッチにいかねばならない。慣れない人間が1試合まともにプレーしたら、心身の負担の大きさを痛感するだろう。「捕手ってこんなに大変なの?」と――。

それでいて、投手陣が痛打を浴びると、「捕手のリードがマズい」と責任を追及される。盗塁を許すと、テレビ中継の画面に「こいつのせいです」とばかりに、送球した捕手がアップで映される。また、打者として成績があげられなければ、ファンの記憶にも残りにくいどころか、「打線の泣きどころ」などという言われ方をされることもしばしば……。だからこそ、捕手はチームが勝つことを唯一《ゆいいつ》の喜びとして、「今日はこうしよう」「明日はああしよう」と、日々試行錯誤《しこうさくご》を続けているのだ。

こうしてたどり着く「捕手的視点」や「捕手的思考」は、反射神経や身体能力をおもな武器としてプレーしている天才肌の選手とはまったく異なるもの。もちろん、一定の技術や体力は絶対に必要だが、グラウンドにある様々なヒントを見逃すことなく拾い上げ、合理的な思考で次にすべきことを事前に絞《しぼ》り込むことで、野球は想像以上にシンプルな競技となる。

私は、1998年秋のドラフト会議で、千葉ロッテマリーンズから2位指名されて入団したが、この時点では、決して注目度は高くなかったと思う。そんな選手が、ロッテのレギュラー捕手となり、2005年には日本シリーズで阪神タイガースを破って日本一を経験。06年の第1回WBC(ワールド・ベースボール・クラシック)では日本代表に選ばれて世界一を達成し、ベストナイン捕手に選出されるまでになれた。そこには、往々にして

「捕手的視点」や「キャッチャー思考」が活用されていた。本書では、そうした里崎智也流の「勝利を生み出す捕手的視点」「勝てる捕手」について、様々な角度から解説していきたい。「捕手的視点」の重要性は、捕手に限ったものではない。こうした「捕手脳」とも言えるものは、バッテリーを組むべき投手や、ほかのポジションの野手にとっても応用がきくものであり、実際、特段意識することもなく自然と取り入れている選手もいる。また、攻撃時に打席に入ったときや、監督や指導者として指揮を執《と》る場合にも利用できるだろう。極論すれば、一般社会を生き抜いていくためのノウハウにも共通するところがあるはずだ。そういった部分は、読者のみなさまにも参考にしていただけたら、うれしく思う。

本書の構成としては、第1章から第3章まで根本的な柱である捕手そのものについて、多くのページを割《さ》いて言及している。第1章は概論として、「捕手的視点」や「キャッチャー思考」の重要性について紹介。第2章では実際に体を動かす部分に特化した捕手のテクニックについて、第3章では配球や投手とのコミュニケーションなど、ヘッドワークを中心としたリードの極意について説明していく。

さらに、捕手以外のポジションについても触れていて、第4章は私が投球を受けた経験から得た「勝てる投手」の条件、第5章は捕手目線で評価する守備のうまい野手について論じた。第6章は「捕手的視点や思考」を取り入れた打撃・走塁論を展開。私は打撃タイトルを争う成績こそ残せなかったが、通算108本塁打を記録するなど、ある程度は「打てる捕手」としての成果はあげられた。そのための取り組み方について、知ってもらえたらと思う。

そして第7章では、「名選手列伝」として現在活躍中のトップ選手や、私が現役時代に対戦した往年の名選手を解説。捕手のほか、投手や打者、走者まで具体名を挙げて語った。

第8章では、捕手を長年経験してきた立場から見たベンチワークやコーチング、はたまたチームマネージメントを考察。もちろん、常識にとらわれない「里崎流」で、だ。

最終第9章は、勝てる捕手になりたいと思うすべての人に向けて、どういう取り組みをすべきなのかについて、私なりの方法論をお伝えするメッセージとした。

これらに加え、19年に打率3割2分9厘でパ・リーグ首位打者とシーズンMVP（最優秀選手）をダブル受賞した埼玉西武ライオンズの森友哉《ともや》捕手との対談を掲載。森捕手は現在のプロ野球界において希少《きしょう》な「打てる捕手」で、なおかつリーグ2連覇に貢献した「勝てる捕手」でもある。守備と打撃において、どのように折り合いをつけているのか？　私自身の考え方と照らし合わせて突っ込んだ話をさせてもらったので、ぜひ、お楽しみいただきたい。

以上、頭のてっぺんから足の先まで、里崎の考えが凝縮された「捕手的視点」に浸《ひた》りきった一冊。ぜひ、すべてを吸収する意気込みで熟読してもらえれば幸いだ。

里崎智也

特別対談 前編

里崎智也×森 友哉「勝てる捕手」の技術論&ミットのこだわり 71

第6章 捕手目線も活用！「打撃＆走塁・盗塁術」～攻撃に生かして勝つ～ 127

第7章 スキルが学べる名選手列伝～新旧の捕手・投手から、打者・走者まで～ 145

特別対談 後編

第9章

第1章

「里崎流」捕手的視点で勝つ野球論

～次のプレーを読む重要性～

捕手の思考は、多岐《たき》にわたる場面で有効である

捕手的な野球観や視点、思考、とくに勝てるキャッチャーが持つ視点や思考は、ほかのポジションでプレーする際や打撃などの攻撃面にも役に立つ。

捕手というポジションは頭を使う。いや、頭を使わないとできないポジションと言っていいだろう。

では、野球における「頭を使う」は、どういうことを指すのか？

『公認野球規則』には、冒頭の【1・00 試合の目的】において、こう記されている。

【1・05】各チームは、相手より多くの得点を記録して、勝つことを目的とする。

野球というスポーツは、ルールブックにはっきりと「勝つ」ことが目的と書かれているのだ。捕手が「頭を使う」のも、すべてはチームが勝つという目的を果たすためである。

もちろん、投手をはじめとするほかのポジションの選手も勝つためにプレーしているだろう。だが、捕手ほど、チームが勝つことに重きをおいているポジションはないと言って

いい。その理由は、守備において、捕手がすべてのプレーの基点になっているからだ。

まず、打席に入った相手打者に対して、直接的に打ち取ろうとするのは投手が行うことだが、球種やコースのサインは捕手が出すことが圧倒的に多い。捕手は打者の近くにいるため、投手よりも打者の狙《ねら》いや考えていることを見抜きやすい。さらに、毎球ボールを受けている投手のクセや特徴もよく把握《はあく》している。

このことから、「投手対打者」の勝負の行方《ゆくえ》を左右する配球を考える立ち位置であり、実際に打たれて悪い結果を招いた場合には、投手以上に捕手が責任を問われることも珍しくない。

また、守っている野手陣に対して唯一《ゆいいつ》正対し、全員の守備位置を俯瞰《ふかん》することができるのも、捕手ならではだ。塁上に走者がいれば、その動きも見ることも可能。配球のサインを出すという、投手と打者の勝負に関与するため、そこから導き出される、打球が飛んでいきそうな守備位置の指示も可能な状況にある。

考えるまでもない。少なくとも、守備において、捕手は唯一、各選手の特性を生かした全体のプレーマネージメントができるポジションなのだ。捕手が「フィールド上の監督」と言われるのも、そのためである。

そのようなポジションの選手が、感覚頼りの場当たり的なプレーをしていたら、チームの守備全体が機能不足になるのは想像に難《かた》くない。

捕手は「勝利」という結果をチームに導くため、練度《れんど》の個人差はあるにしても、敵味方の情報を可能な限り把握し、ゲーム展開の先を読むなどして、次のプレーに対する準備をしている人種なのだ。

こうした「捕手脳」とも言えるような、極めて捕手的な「先を見据《みす》えた野球観や視点、思考」については、ほかのポジションでプレーする際や、打撃などの攻撃面においても役に立つ。

ほかの選手に比べて、少なからず先を読んでプレーすることに長《た》ける捕手は、ある意味、ずるいとも言える。勝利に向かって、オカルトや勘《かん》などではなく、根拠を持った最善手を、プレー前にある程度把握しているからだ。

野球のプレーは、得点差やイニング、走者の有無やカウントによって、発生しうるパターンが数多く存在するが、その中から、可能性の高いものを絞《しぼ》り込んでおけば、実際に起こる前から準備をする「先回り」ができる。

世の中の事象に無理やり例えるならば、人が横断歩道を渡ろうとするとき、普通は歩道の信号が赤から青に変わったことに反応して一歩目を踏み出すところを、捕手は車道の信号が赤になるのを確認して事前にタイミングをはかり、心身の準備を整え、歩道の信号が青に変わる瞬間にはもう一歩目を踏み出している。そのようなものと考えていいだろう。

また、ときには、自分の投球に対して半信半疑の投手に対して、実際にいつものパフォーマンスが出せていない場合でも「球、走っているよ」と騙《だま》して、その気にさせて立ち直らせることもある。味方を欺《あざむ》くことも厭《いと》わない。それも捕手のずるさの一部だ。

こうした、捕手になると自然と培《つちか》われていく勝利への近道を探《さぐ》る視点を、これまでただ一生懸命プレーするだけだった投手やほかの野手が持つようになれば、比べものにならないほどのアドバンテージになるだろう。

ところが、現実的には、プロであってもそれができていないことが多い。

例えば、投手の配球について。捕手が内角ストレートのサインを出したとする。内角はコントロールミスをして真ん中へ行くと、打者が気持ち良くスイングをして、長打になりやすい。

「長打を打たれたら困る。厳しいところに、強く投げなくてはいけない」

九分九厘の投手が、そう思うだろう。

ところが、捕手である私からすると、少し違う場合がある。

「いや、この打者はコースが多少甘くなっても、長打は打たない。だから、甘くなってもいいから、強く投げてくれりゃ、それでいい！」

こう思ってサインを出しているときもあるのだ。

ところが、投手がそこまで理解しておらず、「絶妙なコースに厳しく投げなくてはいけない」と思い込んでしまうと、結局、甘くなるのを嫌って、ボールになってしまう。すると、カウントが打者有利になってしまい、これ以上リスクの高い内角は要求できず、相手が得意な外角に行かざるをえなくなる。

このあたりのところを深く理解しているかどうかで、同じ内角のサインひとつとっても意味合い、プレーは大きく違ってくるものなのだ。こうした思考は冒頭で述べたように、守っている野手においても、攻撃時に打席に入ったときなどに応用できる。

ところが、悲しいかな、最高峰のプロ野球でも、ここまでできる選手はひと握りしかいないのが現実だ。というより、そもそも対戦相手のことを理解しようという意識がない。私の考える「対戦相手の理解」というのは、左記のようなレベルが最低条件である。

●自分がパ・リーグのチームに所属しているとして、同一リーグ各球団のレギュラーからそれに準ずる野手12～13人、5球団合計で60～65人。セ・リーグは交流戦で対戦する各球団のレギュラー野手9人、6球団合計で54人。それらのトータル約120人に対して、80%程度の詳細な特徴や傾向、クセなどは、いつ、誰に聞かれても、瞬時に言えるように頭に入っていること。

球界を代表する捕手として、多角的視点、洞察力《どうさつりょく》、探究心でホームを守り、勝利に導いた著者。

これはもちろん、投手が相手打者を理解する場合のみである。捕手の私は、さらに、打者として対峙《たいじ》するための相手投手の特徴や傾向についても覚えておく必要があったし、実際、そうしていた。そして、それらは必ずしも完璧《かんぺき》に正解でなくてもいい。頭から引き出せるかどうかが大切なのだ。もし、間違っていたとわかったら、その部分を修正してアップデートしていけばいいだけのこと。

だが、聞かれたときや必要にかられたときに、「は?」とか「なんだっけ?」というリアクションをされると、「なにしてんねん?」と問いたくなる。

おそらく、同じことは一般の社会においても言えると思う。ただ単に、一生懸命、全力でやるだけでは、実際に能力が高い一部の人しか生き残れない。もしも、その道の能力の高い者ばかりが集まる場で勝負するならば、頭を使うしかないだろう。

私はプロ野球の世界において、例えば、大谷翔平《しょうへい》(元北海道日本ハムファイターズ、現ロサンジェルス・エンジェルス)のような、突出した能力的アドバンテージはなかった。それでも、16年間現役を全《まっと》うし、日本一、世界一となったチームの正捕手でいられたのは、同僚捕手の中で誰よりも頭を使ったからにほかならない。

まずは、見方を研《と》ぎ澄まし、考えること。そして、考えるための材料を入手して整理しておくこと。それが、「捕手的視点」「捕手的思考」の基本だ。

次のプレーを想定している選手が一流になれる

見方を変え、頭を使ったプレーをする「捕手的視点」「捕手的思考」について、もう少し具体的に述べるとすれば、「次のプレーを想定する」ことになるか。これこそが一流への近道となる。

歴代の一流と言われるプロ野球選手というのは、アスリートとしてすべての身体能力が必ずしも秀《ひい》でていたわけではない。もちろん、必要最低限の能力は備わっていないと話にならないが、野手の全員が打てば遠くに飛ばすわけではないし、足がアホみたいに速いわけでもない。鬼のような鉄砲肩《てっぽうがた》という選手も、ごく一部に過ぎない。

しかも、野球は身体能力が高ければすべていい結果になるわけでもなく、また、個々のポテンシャルの足し算だけでチームの勝利が決まるわけでもない。

各チームのレギュラーの中の何人かは、投手の動作のクセを盗んだり、データから傾向を読み、次のプレーを予測、準備したりすることで、身体能力の差を補う選手が今も昔も存在する。

守備におけるポジショニングの巧《たく》みさなどは、いい例だろう。

野手のあいだを抜けると思われたゴロに涼《すず》しい顔で追いつき、アウトにする。そういうプレーができる選手は、必ずしも足の速さばかりで追いついたのではなく、最初からボールが飛びそうな場所へ移動していたり、その方向へ体重をかけたりしている場合が多い。

見ている人にとっては、守備範囲がたいそう広い印象が残るかもしれないが、頭を使って準備することで身体能力が高い選手と同等の、いや、時としてそれ以上の結果を残すのだ。

よく、選手の評価として、一流、二流という言い方をする。しかし、ときおり、「あの選手は、結果が出ていないが、潜在する能力は一流」とか、逆に「結果は出ているが、もともとの能力自体は二流」と評されることがある。

だが、私にはそのような表現をする意味がわからない。結果を出す人が「一流」であり、いくら潜在能力や身体能力に秀でた選手であっても、結果を出せなければ「二流」なのだ。例えば、練習において打球の飛距離はトップクラスであったとしても、試合でそれを発揮できなければ、一流たりえない。その点は、この場で強く主張しておきたい。

「キャッチャー思考」には、「先を予測する」ということに加えてもう1つ、「いやらしい面を備えている」というところもある。先ほどの守備についても、「なんでそんなところに守っててんねん」と、攻撃側が思うことが多い。ここでヒットが1本出れば……というような勝負の分け目になるところでも、冷静に状況判断をして好プレーにつなげるから、「いやらしい」と思われるのだ。

そういった選手の場合、それは攻撃面でも発揮される。追い込まれてもファウルで粘ったり、バントや右打ちしたりといった、効率良く得点するために求められる役割を確実にこなせる技術を持っていることが多い。ときにはヒットを打たれるよりも相手が厄介《やっかい》に思うダメージを与えることがたびたびあった。このタイプは、総じて「捕手的思考」の選手であると断言していい。

そして、多くはセンターラインを守る選手であることも、「捕手的思考型」の特徴だろう。グラウンドの中心軸に近いポジションは、左右どちらとも同じように対応しなくてはならず、打球だけでなくベースカバーやカットプレーなど広い範囲のケアが必要となる。ゆえに、考えなくてはいけないことが多く、捕手的思考や視点を持った脳、つまり「捕手脳」のようなものにならなくては、ポジション争いを勝ち抜くことができないのだ。

逆に、サードやレフトについては、少し語弊《ごへい》のある言い方かもしれないが、あまり考えなくてもいいポジションではある。それよりも、打球に対する反応や逆シングルで捕球したあとに反対側に向けて強い送球をする肩など、身体的アドバンテージを必要とすることが多い。

とはいえサードにしても、例えば、僅差《きんさ》の試合における終盤の走者二塁という場面などでは、三遊間を詰めるのか、三塁線をガッチリ固めるかを考えねばならないときはある。それを、ベンチの指示待ちであったり、ひどければ指示があるまで考えもしなかったりするようでは、捕手の私からすれば、「オイ、オイ」である。

そう考えると、ポジションを問わず、頭を使うことで全員が「捕手的視点」や「キャッチャー思考」を持っていれば、特段、指示がなくてもみんなが1つの方向で適切な動きをするようになるわけだ。

そういうチームは、もちろん強い。つまり、本当に強いチームというのは、「ベンチがなにもしなくていいチーム」なのである。また、選手が勝手に動くことを許せる器《うつわ》の大きなベンチであることも、必要な要素だろう。

第2章

捕手に必要な「テクニック」の基本と応用

～捕る・止める・投げる～

捕手にまず求められる能力は、「捕る」「止める」「投げる」

ここからは、具体的に捕手の実用面について言及していく。アマチュア野球で、すでに捕手をしている人はもちろんのこと、これから捕手にチャレンジしようと思っている人に、大事なポイントをシンプルに説明しよう。

まず、捕手としての基本は優先順に言うと、「捕る」「止める」「投げる」。順番はあるが、この3つだけだ。とくにプロなら、いずれも最低限こなせなければ、マスクをかぶる資格はないと断言する。さらに、リードや配球については、この3つが備わっていない限り、議論する段階にない。

第一に、「捕る」。投手の投球を捕球すること。キャッチングである。普通にこれができなければ、ショートバウンドが来たときに、体を張って「止める」ことなどできるわけがない。「止める」ことができない捕手は、じょうずに「投げる」こともできないのだ。

しっかりと捕球するためにいちばん重要になるのは、構え方である。私がプロ入り後、当時、千葉ロッテマリーンズの二軍バッテリーコーチだった山中潔《きよし》さん（元広島東洋カープ・日本ハムファイターズ・千葉ロッテなど、現北海道日本ハム二軍育成コーチ）に教わった

「基本姿勢」は、次のとおりだ。

●肩幅より少し広い程度に足を広げて、そのまま腰を落とす。
●腿《もも》のラインを地面と平行に保つ。

腿のラインが地面と同じ水平になるようにすることが重要だ。その体勢でつま先を広げたら、体の重心はへその下あたりのところ、胴体の中の中心部より少し前になる。捕手は捕球の際、前方と横方向への動作しかないので、そのあたりがいちばん動きやすい。

それよりも後方となるお尻のほうへ重心がかかっている選手を見かけることがあるが、私に言わせれば、ありえない体勢だ。後ろに重心がかかるから、低めのボールを捕球するときに目と手が離れてうまく捕れないケースが増えるのだ。また、ショートバウンドしたボールに対して「ブロッキング」するときも、対応が遅れてしまう。だから、腿のラインを水平に保つこと。それが、ベストな捕球をするための大前提だ。

また、ミットの構え方は、人それぞれ捕りやすければいいのだが、私は左手の人差し指が時計の針で言うところの「12時」になる形を基点にして、自由に動かせるようにしていた。こうすることで、ミットの操作はヒジを支点にして自動車のワイパーのように左右に振るだけのシンプルな動きにできる。また、ミットの前後の位置関係については、基本姿勢のときにバランスがとれるところに自然とおさまるので、それでいい。不自然に腕を伸ばしたり、体のほうへ引きつけすぎたりすれば、バランスを崩《くず》して、コケてしまうだろう。その意味でも、基本姿勢が重要になってくるのだ。

この姿勢は、初めてトライした人にはけっこうしんどいかもしれない。しかし、それは捕手としてやっていくには体力が足りていないことを意味する。この姿勢で1試合通せるように、体力をつける必要がある。

ただ、実際のところ、この構えをするのは、サインを出してから投球を受けるまでのこと。つまり、10秒程度だ。10分、20分と連続して維持するわけではないので、そのくらいは慣れればできるようになるだろう。

まあ、もっと端的に言ってしまえば、試合の中で大事な場面のときだけやればいい。走者のいないときまで気張《きば》っても、仕方がない。ただ、大事なときにしっかりできるようになるには、やはり練習を積み上げるしかない。そのためには、ブルペンで200～300球くらい、この姿勢で捕る必要があるだろう。そうすることで、特別なトレーニングをしなくても、自然と下半身強化につながるというメリットもある。

この基本姿勢のコツは、実にシンプルだ。意識するのは、腿のラインだけ。「キャッチン

「里崎流」キャッチャーミットの構え方

人差し指が時計の針で言う12時の方向になるようにして構える。ただし、あくまで「里崎流」であり、個人差があっていい。ヒジを支点にして、左右に操作がしやすい位置であることが重要。

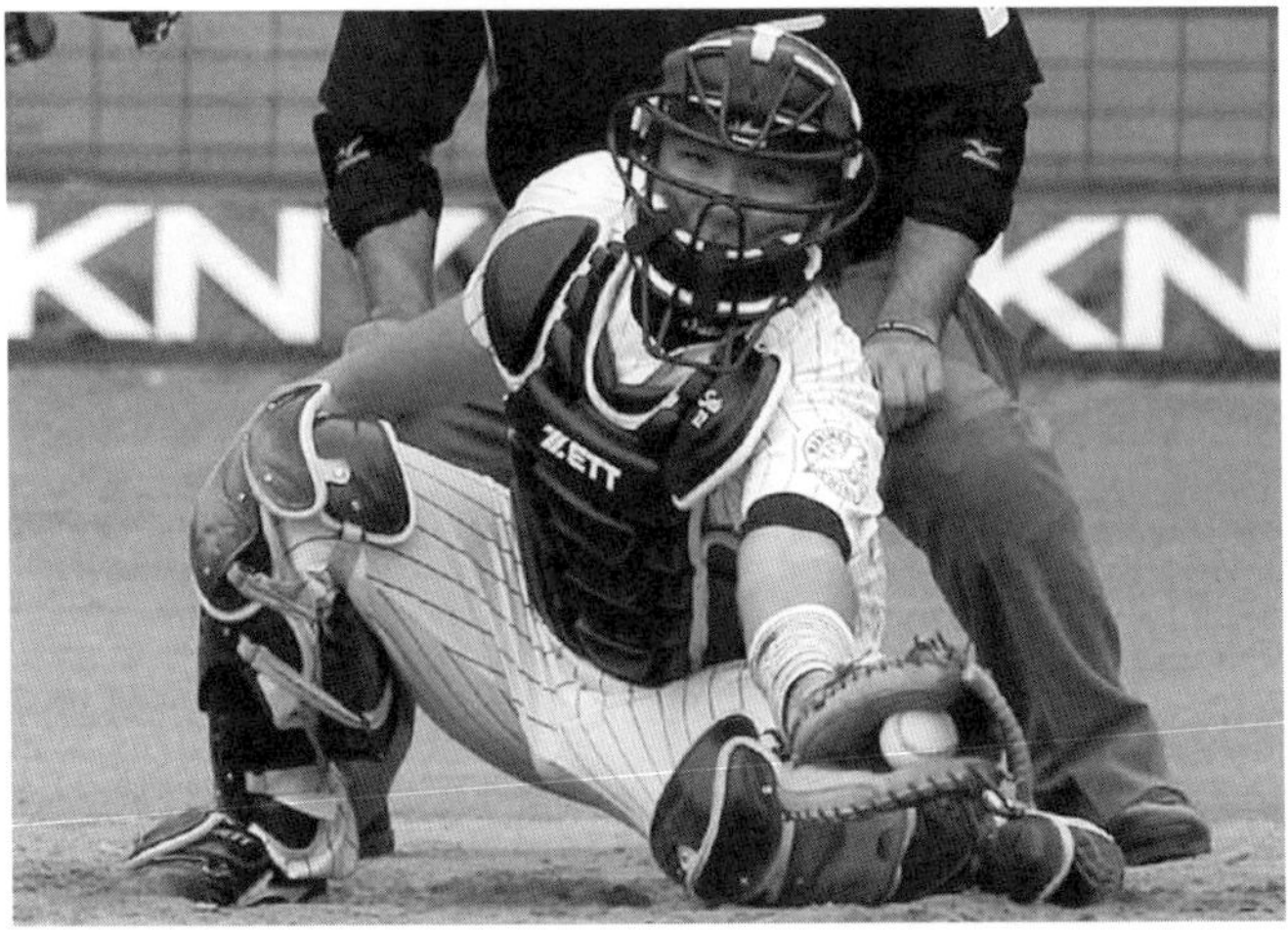

荒れ球もしっかりキャッチする著者。ミットをワイパーのように動かせば、どんな球も対応可能。

グ技術を高めたい」という選手がいたとして、構えのバランスが悪いようであれば、「それ以前に、構えを直したほうがいいよ」と、アドバイスしている。逆に言えば、構えを直すだけでキャッチング技術もアップするので、本当に簡単だ。

とはいえ、人によっては、片方のヒザを立て、もう片方のヒザを地面に着けて構えるほうがバランスをとりやすいという場合もある。それで結果を出せるのであれば、私はそれでいいとは思う。ただ、実際の試合では、走者を背負った勝負どころで悠長《ゆうちょう》に片ヒザをつくというのは考えにくい。そのため、ブルペンでやっていたら、いざというときのための練習にならない。単純に捕るだけなら、人によってミットを動かしやすいなどのメリットはあるが、私はやはり基本姿勢で捕球することを強く推奨《すいしょう》する。

最近、キャッチングミスの多い捕手がいるなと感じる理由

現役を引退して以来、解説者として捕手を見ていると、近ごろ、キャッチングミスの多い選手がいるなと感じている。なぜか？

理由は単純明快。ブルペン捕手の数が多すぎるのだ。そのせいで、現役の捕手、とくに若い捕手が、ブルペンで生のボールを受ける数がめっきり減ってしまった。

とくに、キャンプのときに受けなくなったなと感じる。私がプロとしてまだ駆け出しだったころは、ウォーミングアップとキャッチボールをしたあと、グラウンドで投手を入れた内野の連係プレーの練習をするときに二手に分かれ、半分はブルペンに向かっていた。グラウンドに残ったグループは、そのままシートノックなど午前中の全体練習をこなして食事をとると、午後から始まる打撃練習は最初に行う。それが終わるとブルペンに行って、午前にブルペンにいたグループと交代。替わったほうのグループはすぐに食事をして、打撃練習のいちばん最後に入る。そして、打ち終わってブルペンの投球練習がまだ続いていたら、戻って球を受ける……という日を繰り返していた。

要するに、延々とブルペンでキャッチングをしているのだ。そのため、キャンプでは1日300球程度、多いときは500球受けることすらあった。

なぜ、これほどまでにずっと投球を受けていたかというと、単純に当時の千葉ロッテの二軍にはブルペン捕手がいなかったから。なので自分の練習は、ブルペンでの投球練習が終わってから行っていた。

また、シーズンが開幕してから一軍に上がると、今度はリリーフ投手の投球練習を受けるためにブルペンに入っていた。さすがにプレーボール直後から練習するケースはまれにしかなかったが、毎試合3回ごろから準備が始まる。そうなると、ずっとブルペンだ。

そのため、私はブルペンにバットを持参しておいて、球を受けていないときにはスイングして備えた。そうこうしていると、電話がかかってきて、「サト、代打！」と呼び出しが来る。ときには、「次の回から、守備行くよ。ピッチャーも代わるから、そのまま2人で来て！」ということもあった。おかげで、捕手なのにブルペンにかかってくる電話に対して、ビクッと過剰《かじょう》に反応するようになったほどだ。

もちろん、時代の違いはある。だが、主力級の球をこれだけ数多く受けられたことは、大変な練習機会になっていた。なにしろ、試合に出ていないくせに、ブルペンで毎日キャッチングをしているのだから。ところが、現在はこの機会が失われつつあり、それが捕手のキャッチング技術の低下とリンクしているように思えてならない。

プロとして最低限のレベルに達していない捕手は、試合中のベンチで、監督の横に座って聞き耳を立てる必要などない。それより、捕手にとっていちばん大切な「捕る」技術を修得するために、数多く生きた投球を受けるべきだろう。監督の話は、試合が終わってから聞けばいいことだ。

私は、通算の捕逸《ほいつ》（パスボール）の数が20個ある。これは通算1000試合以上出場した捕手の中で、最少だそうだ。しかし、私からすれば、「え？　そんなの普通でしょ？」と思ってしまう。捕逸というのは、捕手が捕れる範囲に来た投球を逸《いっ》してしまったときにつく記録だ。ちなみに、ショートバウンドしたり、捕球が難しいほど離れたところに投げたりしたものを後逸した場合は、投手の暴投（ワイルドピッチ）という記録になる。であれば、サイン違いのときならいざ知らず、自分でサインを出しておいて、ノーバウンドで来るボールを捕れないのは、ギャグとしか言いようがない。

次世代の捕手たちも、「捕逸が少ないのは当たり前」という感覚で精進《しょうじん》してほしい。

ブロッキングは基本姿勢からの対応力が求められる

「捕る」の次は、「止める」。つまり、ブロッキングである。捕手は、ショートバウンドの投球に対して、体を張って止めなくてはいけない。試合では、「どんなことがあっても」だ。私は、山中さんにそう教えられた。「こんなボール、捕れっこないよ」と思うようなときでも、試合で後ろに逸せば、走者は容赦《ようしゃ》なく進塁する。それが失点のきっかけになることもあるのだ。もちろん、止められれば、失投した投手も助かるというもの。「どんなボールを投げても止めてくれる」と思えば、よけいなことを考えずに気持ち良く腕を振ることができるだろう。「勝てる捕手」になるには、必須条件だ。

技術的に重要になるのは、ここでも基本姿勢ができているかどうか。正面のショートバウンドに対して、腿のラインを地面と同じく水平にした構えから両ヒザを落として地面に着いた形となり、股《また》のあいだを抜かれないよう、下からミットでふさぐ。これが基本姿勢。この形になることで、捕手は大きな「壁」になる。このとき大切なのは、おなかを引っ込めて、上体を地面に向けた角度を作ること。体をそってしまうと、壁を作ってバウンドを当てたとしても、遠くへ弾《はじ》いてしまうことがあり、走者の進塁を許してしまう。

同じ理由で、左右の横方向にワンバウンドの投球が来た場合は、外側の肩を45度程度の角度をつけるように入れる。肩を入れることで、体全体がフィールドの内側に向くようになり、止めたボールもファウルゾーンではなく、ホームベース付近に転がる確率が高くなる。

こうした基本姿勢をしっかりと身につけることがいちばん重要ではあるが、もう1つ大事なのは、壁を作るにしても大前提は「捕りにいく」こと。最初から体に当てることを目的とせず、しっかりとミットで捕球することを目指さなくてはならない。

また、私が山中さんに教わったように、「なにがなんでも、止めなくてはいけない」ということも、頭から外してはいけない。試合では予想だにしない投球が来ることもある。体全体でいったら間に合わないと判断したら、ミットだけで捕りにいくしかない。

さらに最終手段としては、「体のどこに当ててもいいから、止める」。そこまで念頭に置いて、瞬時に反応するスキルを身につけなくてはいけない。

ブロッキングする著者。股のあいだを抜かれないように両ヒザを落とし、下からミットで確実にふさぐ。

スローイングは、肩よりもステップの素早さが重要

「捕る」「止める」に続いて、最後は「投げる」だ。おもに、盗塁阻止のスローイングに関係する要素である。

盗塁阻止については、すでにメディアを通して再三申し上げているが、私は投手の責任が7～8割程度占めていると考えている。昨今のNPB（日本野球機構）における捕手が、投球を捕球してから二塁ベース上の野手に投じるまでのタイムを計測すると、普通に投げられたときで1秒80台。目標としては、どんな体勢からでも最低1秒95以内で投げることが求められる。「どんな体勢からでも」というのは、投球がたとえ逆球やショートバウンドのような捕りにくいときであっても、という意味だ。実際のところ、それ以上タイムを大幅に短縮することはほぼできないところまで来ているのが現状である。

一方、投手のクイックモーションは人によって技術レベルにばらつきがあり、改善の余地がある選手が多い。さらに、牽制《けんせい》の技術を工夫することで、走者のスタートを遅らせることも可能。限界まで突き詰めつつある捕手の送球に対して、投手によっては、まだ相手走者の盗塁成功率を下げる余地が残されているのだ。

こうした前提あっての「投手の責任が7～8割」だが、もちろん捕手も、より素早く、より正確な送球を目指すのは当然のこと。では、どうすれば、良い送球ができるようになるか？

重要なのはフットワークと、私は考える。具体的には捕球してから投げる過程における、左ヒザ、右足、左足。それらの小刻みなステップを素早くするだけのことである。

要するに、素早く投げるためには、手を早く動かすのではなくて、足を動かすのだ。手と足は連動性がある。だが、早く動かしたいほうを早く動かそうとすると、連動性は生まれない。手を早く動かしたいときに手を早く動かすと、足がついてこないのだ。

逆に、手を早く動かしたいときは、まず、足を早く動かすと、手は自然についてくる。だから、捕手は梯子《はしご》状の器具を地面に置いて足を小刻みに動かす「ラダートレーニング」などを練習で数多くやったほうがいい。直線を走るのは遅くても、小刻みな足運びはチームでもトップクラスというくらいになるのがベストだ。そうしたトレーニングから、捕手としての足運びを素早くする技術的な練習につなげていくことが大切になってくる。私も、ダッシュは遅いが、ラダートレーニングをさせたら、けっこう速かったと自負している。

足運びができるようになったら、ようやく上半身の動きになる。スローイングのフォームについては人それぞれ投げやすい形でいいと思うが、素早く投げるためにコンパクトなものでなくてはならない。

さらに重要なのは、投げる方向に左肩を向けてしっかり狙《ねら》いをつけるということ。

これは投手についても同じことが言えるが、制球のいい選手はボールの受け手から見て半身の状態が長く、胸がなかなか見えないという共通点がある。胸が見えるということは、体が開くのも早いということ。そうすると、回転している遠心力に腕が負けて、体の中心軸から離れていってしまうのだ。

それだと、強い球は投げられるかもしれないが、制球はつけにくい。遠心力に靭帯《じんたい》が引っ張られるので、ヒジの故障もしやすくなる。左肩で狙いをつけて、相手に胸をなるべく見せないようにして投げる。これを意識してほしい。

ここまで来たら、あとは体全体の動かし方だ。これまではあくまで、基本となる「形」について述べてきた。仮にすべての「形」が身についたとしても、スローイングやブロッキングに向かうときの動かし方を覚えなくては、実際のゲームで生かすことはできない。だが、この先は人によって千差万別《せんさばんべつ》となる。私がここまで述べてきた基本となる「形」も、あくまで私にとってベストなものを紹介したにすぎない。人によってはこだわらなくて良い部分も多々あった。であれば、あとはそれぞれの形で、延々と反復するしかない。「はい、では、みなさん練習に励《はげ》んでください！」と言ってしまえば、それでおしまいだが、私が実践してきた練習方法を1つの例として紹介しておこうと思う。

1つは、捕球面が平《たい》らでポケットのない練習用のミットをつけて誰かに軽くボールを投げてもらい、それを捕って送球体勢を作ることを繰り返すというもの。代わりにスリッパや板などを使用してもいいだろう。これらで行うと、ミットのように手でボールをつかむことができないので、自然とボールの持ち替えがしやすい胸の前付近で捕球する形をインプットできるようになる。

例えば、捕球から二塁への送球動作に向かうとき、大げさに言うと、下半身は投げる方向へ体重移動していくが、上半身は逆にバックネット方向へ戻る形になる。しかし、ミットを前に出して捕りにいくと、その形が作れず、ボールの持ち替えがスムーズにできない。

また、フットワークの練習として、構えている捕手の少し前方に立った人が上からボールを落とし、それを捕手が捕球するというものがある。腕を伸ばしてミットで捕りにいくのではなく、下半身から捕りにいくようにすると、少し前に出る。捕球したら、また少し前方にボールを落としてもらって、捕る。それを繰り返しながら、前に進んでいく。この練習では、上からボールが落ちてくるので、素手でやるよりも逆にミットで捕球するほうが難しい。私がプロでやっていたときは、このままグラウンドを1周、2周と回るまでいつ終わるかもわからず繰り返したことがあったが、本当にしんどかった。私と橋本将《たすく》(元千葉ロッテ、横浜ベイスターズ)は、ときには倒れながら、そして足をつりながらも続けたが、後年、山中さんが言うには、その後、同じ量をこなした選手はいなかったという。

「今の選手だったら、半分もできひんのちゃうか。お前ら、よくやったな」

笑いながら、そう話していた。

そのほかにも、ピッチングマシンから出てくるボールをキャッチングする練習として、捕球すると同時にミットをリストで返して、そのまま自分の右肩越しの後方へトスする練習もよく行った。これも、捕球後の持ち替え技術を向上させる訓練だ。

いずれにせよ、技術は1日にしてならず。自分の形を見つけたら、目をつぶっても再現できるまで、繰り返し動いて体に覚え込ますしかない。

それは、捕手だけに限らず、すべてのポジション、あるいは、ほかの競技や一般の社会においても同じことが言えるのではないだろうか。

コリジョンルール制定後のクロスプレー対処法

「捕る」「止める」「投げる」について、ひととおり押さえたところで、もう1つ技術的なこととして、ホームベース上での走者に対するクロスプレーの動きについて触れておきたい。

2016年に導入されたコリジョンルールによって、捕手のクロスプレーに対する姿勢は大きく変わった。それまでは、ボールを捕球してタッチにいく体勢になったときに、ヒザを持っていってブロックするようにしていた。走者は走者で体当たりをしてくる者もいて、まさに体を張ってホームを守るという空気だった。私も学生時代にクロスプレーで肋《ろっ》骨《こつ》を折ったことがあるが、プロではさらに走者の当たりが激しく、大きな故障をしたり、その場で失神したりする者もいたほどだ。当たりにくる走者とまともに正面衝突《しょうとつ》で対抗していたら体がいくつあっても足りないので、対処法として、接触したときに走者の進路と同じ方向へ体を逃がして衝撃をやわらげるようにしていたのだが……。

コリジョンルールでは、捕手がホームベースの前をふさぐような行為が禁止され、衝突プレーがほとんど起こらなくなった。となれば、ホームベース上でのクロスプレーも、基本的にはほかの塁のときと同様に、ミットで走者の足なり、腕なりにタッチにいくしかない。このルール変更によって、捕手はどう動かなければいけなくなったのか？

これはごく簡単な話で、アウトにできるものをアウトにすればいいだけだ。以前は、タイミング的に「微妙にセーフか？」と思えるときや、タイミング的にはアウトくさいが送球が少しそれているので「タッチが間に合わないか？」という場面に出くわしたとき、足でホームベースをふさぐようにブロックしてホーム到達をわずかに遅らせ、タッチを間に合わせるということを捕手が行っていた。

当然、これは高い技術が必要で、微妙なタイミングのときに、ルール違反にならない範囲でブロック技術を駆使してどうにかアウトにするのも、1つの腕の見せどころではあった。しかし、それをしなくて良くなった分、ラクになったのは確かだ。私がまだ現役だったら、「やること少なくなったわ」と喜んでいたと思う。「お前、ブロックへたやな」と責められることもない。

逆に考えると、送球する野手のハードルは確実に上がった。それまでは、捕手のミットが届く範囲に投げておけば、あとは捕手次第でなんとかなるという感覚だったと思うが、タッチしやすいところへ正確に投げないと、アウトにできなくなってしまった。野手の送球のクオリティが求められる時代になったのだ。

これはつまり、捕手が盗塁時にベースに向けて投げるときと同等のレベルということ。野手は構えている捕手のヒザ近辺にピンポイントで投げなくてはならない。それは、私ら捕手からしてみれば、ずっと行ってきたことだ。野手のお手並み拝見といったところ。このプレーによって評価が変わる野手も出てくることだろう。

ルールが定着してきたことで、最近では「コリジョンルール」という言葉もあまり言われなくなりつつあるが、私は捕手出身の解説者として、ホームベース上のクロスプレーについては、野手の送球の良し悪《あ》しも含めて、詳細に解説を続けていこうと考えている。

第3章

高みへの「リード・配球」の極意

～データと感性、そして駆け引き～

リードを評価する術《すべ》はない

ここからは、おもにリードや配球について、多くのページを割《さ》いて持論を展開していきたい。まず、第一に断言できることは、「リードに定義はない。結果がすべて」ということ。プロセスなどどうでもいい。要は、結果を残して、最終的にチームが勝利をおさめたなら、「いいリードをした」と言えるのだ。

私は現役時代、解説などをしていたOBのみなさんから、「サトのリードはわからん」と言われたことがあった。とくに有名なのは、2006年の第1回WBC（ワールド・ベースボール・クラシック）準決勝のときだ。このときの中継では、私の配球について、「インコースばかりで、怖《こわ》いですね。危険です」とボロカスに言っていたそうである。

でも、最終的には勝つことができた。先発の上原浩治《こうじ》さん（元読売ジャイアンツ、ボストン・レッドソックスなど）がゼロ行進の投手戦を耐え抜き、7回表に代打・福留孝介《こうすけ》（当時、中日ドラゴンズ。現阪神タイガース）の本塁打が出ると一気に5点を入れて、そのまま逃げきったのだ。上原さんは、ほぼこちらの要求どおりに投げられる制球力があるので、結果から逆算したリードができた。このとき、試合が勝ちムードになると、放送していた

WBCでも受けた上原浩治さん。捕手の要求した球が来るため、結果から逆算のリードが可能。

テレビ局に、たくさんの電話がかかってきたらしい。その内容は、「リードを批判しているけど、0点で抑えているではないか」というものばかりだったそうだ。

結局のところ、リードに正解などなく、いいリードの定義もあいまいだ。なにをしても、打たれたら文句を言われるし、抑えたらそれを否定することはできないということだ。

にもかかわらず、野球経験者以外の人も含めて、世の中には「リード信者」がいっぱいいるから困ったものである。もちろん、応援しているチームの結果が悪かったときに、悔《くや》しくてその矛先《ほこさき》を捕手に向けたいという気持ちは理解できなくもない。だが、「あまりにもリードに原因を求めすぎではないだろうか?」と思うこともある。

しかし、考えてみてほしい。先ほどの先輩方がリードに不満を呈《てい》していたのは、まだ打撃結果が出る前の対戦中のことなので、グラウンドの選手たちと同じ土俵で考えを述べていたわけだが、多くの人は結果が出てから文句を言ってはいないだろうか?

例えば、インコースを突いたあと、アウトコースで三振を奪ったら、「前のインコースが生きたねぇ」となり、同じ配球をしたとしても、アウトコースをライトスタンドに運ばれたら、「バレバレだろうに」と。それは、結果が出たあとに論じているのであり、あと出しジャンケンと変わらない。

私は、リードに絶対の法則はなく、最終的に各打席の1球ごとに条件が違ってくる中での駆け引きだと思っている。だから、打者の狙《ねら》いが明らかにわかる状況だったにもかかわらず、それに気づけなかったときは、「さすがにダメだな」と思うときも、もちろんある。

でも、そのあたりの「気づき」の説明というのは、実際のところすごく難しい。先ほどと似た例で、もしインコースに1球ストレートを投げたとして、打者がレフトへホームラン性の会心のファウルをガポーンと打ったとする。そうなると、もう1球インコースにストレートを続けるかどうか？　という判断に迫られる。もしインコースを続けてレフトにホームランを打たれたら、「2球続けるなんて、嘘《うそ》でしょ？」となるだろう。だが、別の読みとして、「一度大飛球を打ったから、相手がもうインコースは来ないと考え、アウトコースを狙っている。そういう気配を感じたので、続けました」と言われたら、状況によっては私も、「まあ、それも確かにありやな」と思うかもしれない。そこが難しいのだ。

ところが、結果論で怒る監督、コーチというのは、「このバッターはインコースが弱いから、インコースを使え」と指示して、捕手が「とはいえ、全球インコースというわけにはいかない。1球外に振って、勝負球でまたインコースに戻そう」と考えてサインを出したアウトコースを打たれると、「インコースで行けって、言ったろ！」となる。そうなると、全球インコースで行かなくてはならなくなる。正直言って、アウトコースに打者の重心や目線を振らずにインコースだけで抑えるというのは、至難の業《わざ》だ。

だから私は、ごちゃごちゃ言う人には、あからさまに言われたことしかやらなかった。インコースと指示されれば、インコースを延々続ける。打たれ続けても、ずっと続ける。そして、ようやくチェンジになってベンチに帰ったとき、こう言うのだ。

「たぶん、続けたらもっと打たれると思いますけど、まだやります？」

結局、万人に通じる「リードの良し悪《あ》しを評価する方法」など、存在しないのである。

自分流データベースの更新、プラス、最後は感性で勝負する

リードの正解・不正解など、誰にもわからない。その根拠になりそうなことをもう1つ紹介しよう。

前項で、配球に関するコーチとのやりとりの話をしたが、試合の前には、どこかのタイミングでバッテリーミーティングが行われる。そこで、相手打線の傾向や攻め方について指示が出るのだ。配球のプランを立てるのも捕手の仕事と思っている人がいるかもしれないが、その大枠《おおわく》を考えるのはベンチサイドであり、とどのつまりは監督の仕事である。

ミーティングで指示されるプランは、その日の攻め方に関する基礎部分なので、出場する捕手はそれをなぞりながら、配球を考える。そのため、ミーティングのプランが間違っ

ていたら、出鼻《でばな》をくじかれ、勝負としては一気に劣勢となってしまう。だから、監督の指示や方針が占める責任は大きい。

ただ、基本的なところは従うにしても、捕手自身の実績が蓄積されてくれば、ある程度自分の考えを織り込むことができる。要は抑えてしまえば、誰も文句は言わないということ。仮に指示どおりでないことがわかったとしても、「サトのことやから、なんかあったんだろう。意図があるんやろうな」と信じてもらえる。

ところが、もし実績のない捕手が同じことをしたら、総スカンだろう。「おい、なんであいつ、言ったとおりやらへんのや！」となる。ましてや、打たれてしまったら、即座に二軍行きも覚悟しなくてはならないだろう。だから、実績を作ることは非常に大事なのだ。

これは、ベンチだけでなく、マウンドの投手についても同じ。以前、藪田安彦《やぶたやすひこ》さん（元千葉ロッテ、カンザスシティ・ロイヤルズ）がこう話していたことがある。

「サトが出すサインは、『それは違うのでは？』と思っても、『なにか意図があるんやな』と信用できる。でも、ほかの捕手が同じサインを出したら、『絶対違う』と思った」

これは、一般的な世の中においても、重なるところがあるのではないだろうか？　やはり、その人物の経験と実績がものを言うのだ。

では、私は若くて実績がなかったころは黙って従っていたのかというと、そうでもなかったりする。話としては矛盾《むじゅん》してしまうが、従っているようでいて、実は言われたとおりの配球をしていないことが多かったと思う。そこはやりようである。

私はミーティングでやったことと自分の感性が真逆《まぎゃく》だったら、１００％、自分の感性を優先していた。何事も目の前で起きている状況に対応するほうが大切だ。

データは、困ったときに引き出せるストックとして備えておく。困っていないときは、自分の思いどおりにサインを出せばいいだけのこと。そもそも、私の頭の中には、敵味方含めたNPB12球団の主力打者と主力投手に関する基本的なデータが全部入っていた。好き勝手なことばかり言っているだけではない。やることはきっちりとやっていたのだ。

そのうえで、ゲームが始まれば、打者や味方投手の観察を行う。あらゆる要素を考慮して、「駆け引き」をするのである。

だから、ミーティングの資料や過去のデータというのは、そもそも保険として覚えておいて、なにかあったときに使うもの。もちろん、データが役に立ったときもあった。だが、基本的には、今、目の前で起きていることを自分のデータとして、それと経験を照らし合わせた総合的な材料で駆け引きするのが最優先だ。

私がこのようなスタイルになったのには、理由があった。ボビー・バレンタイン監督（元ロサンジェルス・ドジャース、元テキサス・レンジャーズ、ニューヨーク・メッツ監督など）や、山中潔さん以外のプロ野球のコーチからは、圧倒的に結果論で責められることが多かったのだ。

そのため、わりと早い段階から、「もう、自分の好きなようにやろう。結果が出ないときはなにをしても怒られるのなら、自分の好きなようにやったほうが１００倍マシや。それならば、結果が悪くて責められようが、仕方がない」と思うようになった。

「リードは結果」というのは、あくまで周囲や観戦者に結果論を持ち出す人が多いから言っているだけで、実際には1球のサインを出すための意図、つまり過程がものすごく大事であると私は山中さんに教えられ、現在もそう思っている。駆け出しのころから、自分なりに１００％、意図を持ってやっていたつもりではあったが、今になって考えたら、当時は浅かった。

もちろん、それはほとんどすべての捕手がそうなので、仕方がないことではある。ただ、私が幸運だったのは、早い段階でボビーが千葉ロッテの監督に就任したことだった。ボビーはある程度の決めごとを作って徹底させたが、それに沿《そ》ってやっていさえすれば、結果論で責められることもなく、それ以外はほぼ自由に配球をさせてくれた。

これが私には合っていたのだと思う。私は感性をもとに配球を重ね、１球１球、自分の中のデータベースをアップデートし続けることができた。

私は、キャッチングをしながら、打者の動きを視界の端に影（私は「シャドー」と言っていた）のようにとらえて視覚的にインプットし、その積み重ねによって、打者のスタンスや体の入れ方、スイングなどがいつもと違うかどうかを察知するようにしていた。

ボビーがある程度自由にやらせてくれたことで、その感性の精度を随時《ずいじ》高めていくことができたのだ。このことは、私の「捕手の力」がステップアップしていくための、大きな追い風になったと思っている。

初球のストレートが痛打されても、投手を責められない

「初球の入りは、永遠の課題」

そんな言葉を耳にすることがある。確かに各打者の初球は、相手の狙いがまったくわからないことが多く、それこそデータがないと難しい。いや、仮にデータがあったとしても、試合ごとの最初の打席は、昨日とは全然違うことを考えている場合もあるので、100％、あてになることはないのだ。

よく、「初球を打ってくるから、気をつけろ！」と事前に指示されることがある。だが、もちろん、そんなことは捕手だってよくわかっている。問題は具体的にどうすればいいのかというところなのだが、多くの場合、プロでもそこまでの指示がないのが現実だ。理由

は単純明快、具体的な指示を出して打たれたら、指示を出したほうが責任をとらなくてはいけないからだ。だから、捕手にあいまいに「気をつけろ」とだけ言っておいて、打たれたら「気をつけろって言うたやろ！」と指摘するだけ。それは、なんの対策を講じたことにもならないだろう。

このあたりは、見ているファンの会話においてもよく聞くことがある。

「なんで、あの打者に対して、簡単に真っ直《ますぐ》ぐでストライクを取りにいくんや。打たれるに決まっとるやろ！」

いやいや、待ってほしい。イニング先頭の下位打線の打者などであればそうかもしれないが、例えば、一発長打のある中軸打者や外国人選手に対して、初球から簡単に投げる真っ直ぐなど、プロの投手にはありえない。

例えば、2018年5月17日の中日対広島東洋カープ戦にて。2対2の同点で迎えた9回表に、このころ、中日のクローザーを任されていた鈴木博志《ひろし》がマウンドに上がったが、先頭打者として打席に入った広島の主砲・鈴木誠也《せいや》に対して、初球にストレートを投じ、手痛い勝ち越しホームランを浴びたことがあった。

しかし、鈴木博志の持ち味といったらなにか？　150キロクラスのストレートではないか？　初球からいちばんの武器にしている球を強く投げたのであれば、受けていた松井雅人《まさと》（現オリックス・バファローズ）のリードを一概《いちがい》に否定はできない。もし、ボールになる変化球で入ったとしても、鈴木誠也がそれをうまく想定していて打ちにいく素振りもなく見送られた場合、まったく意味のない無駄なボール球を投じてしまったことになる。「今、ストレート行っとったら、簡単に見逃してくれたのに」という後悔に加えて、カウントは1ボールになり、ますます不利になるだろう。

それを責められてしまったら、捕手としてはキツいものがある。「じゃあ、もう、常にホームランバッターや外国人には、変化球で入りますよ」となってしまう。それでは、鈴木博志の持ち味も消えてしまうだろう。

このあたりは、投手のレベルによって、対処方法が違ってくる。私は現役時代に、投手のレベルを「上・中・下」とランク分けしていた。自分でボールの行方《ゆくえ》をコントロールできないような「下」の投手は、まず相手は関係なしに、自分のベストピッチをさせることから始めた。それで通用しなかったら、そもそもその投手の生きる道がなくなってしまうので、いちばんの武器としている球で勝負すべきという考え方だが、その球種は人によって様々。だから、少なくとも「初球のストレート」を打たれたことを責めるというのはナンセンスだと思う。きちっとコースを突くことができれば、打ち取れる確率が高いのなら、仮に打たれたとしても、選択としてはそれがベストだったということだ。

実際、私もピンチのときにピッチングコーチがマウンドに来て、「ここ、初球、ボールから行こうか」と言われたことがある。思わず、「じゃあ、なんのボールから入るんですか？」と聞いてしまった。すると、「まあ、スライダーでも……」と言うので、「じゃあ、スライダーがボールになりました。ワンボール。次、なに投げます？」と続けたら、黙り込んでしまった。単純に、初球を打たれたらもったいないというだけなのだ。

私からすれば、初球に打たれるのもフルカウントから打たれるのも一緒やないかと。あるとすれば、フォアボールで歩かせるかどうかということ。それなら、敬遠すればいいだけのことだ。それすらも、「カウントが悪くなったら歩かせろ」というあいまいな指示が出ることがある。それで、万一カウントが悪くなる前に打たれたら、「一塁があいてるって言ったろ！」となる。たまったものではない。それならば、「勝負で行け！」という指示でいい。そのうえで、2ボールになったら、「もう、歩かせよう」という指示を出し直せばいい。結果として打たれた場合、見ている人によっては、「一塁があいているのに、もったいない」と言うだろう。

こうした中途半端な攻め方を避けるため、私は山中さんと相談して、「様子を見ながらカウントが悪くなったら歩かせる」という指示が出たら、座ってはいるものの、大きく外角に外したボール球を投手に要求。わざと2ボールにして、敬遠させるようにしていた。

インコースのボール球は、百害あって一利なし

配球については、もう1つ、よく議論になるものがある。それは、インコースの使い方だ。インコースに投げるときは、その後のアウトコースを遠く見せるために、体に近いボール球を投げて恐怖感を煽《あお》りなさいという話になるが、私にすれば、これも意味がよくわからない理論だ。

私は、「インコースにボール球しか投げないくらいなら、投げないほうがマシ」と考えている。インコースは、ストライクでないとまったく意味がない。それは、私が打者として打席に入っているときに、インコースはボール球だけの投手がいるとすごく打ちやすいと感じていたところから来ている。だって、どうせボール球しか投げてこないなら、インコースに来た球は、もう見なくていいのだから。そして、結局はアウトコースで勝負してくるので、それ一本に絞《しぼ》って狙っていればいいのである。なんと簡単なことか。インコースにストライクを投げない投手は、本当にラクだ。

逆に言うと、打者にとってインコースが面倒くさいのは、ストライクに来るからである。ストライクであれば、対応しなくてはいけない。2ストライクに追い込まれていたら、タ

イミングが合おうと合うまいと、振ることになる。それが詰まって、前に打球が飛べばアウトになりやすいし、ファウルになったとしても、「今の詰まっていたから、もう少し前で打とうかな」と思ってしまえば、はい、変化球が来てクルンと振っちゃいましたとなる。これこそが、意味のあるインコースの使い方だろう。

「のけぞらせる効果」を期待していたのは、大昔の話だ。もう、そんな打者はいない。読まれて、アウトコースを狙い打ちされるだけだ。私が打者なら、むしろ1打席目にデッドボールを当ててくれと、真剣に思っていた。とくにダルビッシュ有（当時、北海道日本ハム。現シカゴ・カブス）のようなスペシャルな投手に最初の打席で当てられたら、受けている捕手に、「もう一度当てたら、お前の打席でぶつけるぞ」みたいなセリフですごんで、乱闘も辞《じ》さない空気を出す。そうすると、その日は次からアウトコースばかりになるので、踏み込んで狙い打ちである。私は、山口和男さん（元オリックス）の150キロを超える球が頭に当たったことがあったが、それ以降も別に打席で恐怖心を覚えることはなかった。逆にその程度でトラウマになるような打者は、一軍に長くいられないだろう。プロ野球とは、そういう世界だ。

であれば、インコースのボール球は、百害あって一利なし。ストライクコースに力のある球を投げ込んで、初めて意味のあるものになる。

ちなみに、私の現役時代には、小野晋吾《しんご》さん（元千葉ロッテ、現千葉ロッテ二軍投手コーチ）というシュートを決め球にする右腕が活躍していたが、その考えはシュートであっても変わらない。私がマスクをかぶっているときに、小野さんに対してインコースのボール球になるシュートのサインなんて、ほとんど出したことはなかったと記憶している。

「攻めの配球」とは、どういう配球を指すのか？

よく、解説などでも「この投手は攻めていない」という言葉が出てくることがある。ベンチからも「もっと攻めろ」と言われることも。しかし、「攻めるピッチング」というのは、なにを指すのか？　私にはわからない。

単純に、体に近いインコースを投げ続ければいいのか？　それが意味をなさないことは、ここまでの本書の内容を理解してくれている読者なら、十分納得していただけることだろう。もし、インコースに投じてホームランを打たれたとしたら、「いや、強気の攻めだったから、それでいいよ」と言うのだろうか？　それも聞かない話だ。やはり、結果として打ち取ったときに、たまたまインコースだと使われる言葉だと思う。

また、ノーボール2ストライクから、必ずアウトコースへ1球大きく外す配球もまったく意味がないと私は考えている。

球団によってはノーボール2ストライクから打たれると罰金を課されるところがあって、だから、1球あえて外すという話を聞くことがあるが、あきれてしまう。それって、いったい、なんのためやねん？　逆にどんなメリットがあるのかを聞きたいくらいだ。1球大きく外したあと、次の変化球を見逃されてボールになったら、もう2ボール2ストライクである。カウントの優位性はほとんどなくなってしまうではないか。それに、ランナーがいたら、走られる可能性も高まる。

それならば、ノーボール2ストライクから勝負に行けば、それがボールになっても、まだ勝負できる。あるいは、アウトコースいっぱいのストレートで見逃し三振を狙ったものが外れてボールになるというならいい。最初から、明らかなボール球を投げさせる配球だけは、本日、今すぐに頭の中から外していい。

投手のレベルごとに、できることを考える

そもそも、リードというのは、投手のレベルやタイプによって合わせていくしかない部分がある。いくら捕手が配球を考えてサインを出したとしても、そのとおりにボールが来

なければ意味がないからだ。

例えば、再三、言及してきた「インコースにきっちりと強いボールを投げられる技術を持っている投手」など、数えるほどしかいない。最初から投げられる確率が低い投手に対してインコースを要求し、そのとおりに来なかったから打たれたという場合は、サインを出した捕手にも問題があると言わざるをえない。

私の場合は、前述のように、まず受ける投手がどのレベルなのかを設定するようにしていた。単純に「上・中・下」としていたわけだが、「下」の場合はいわゆる初級編である。相手がどうのこうのではなくて、投手のできることをやるしかない。そして「中」は、ある程度こちらの要望どおりに投げることができる段階になった投手を指す。そこまでになってくれれば、相手の長所・短所に球を振りながら駆け引きをすることが可能だ。最後の「上」になると、「この場面では三振を奪いたい」「ここは引っ張らせたくない」「ゴロを打たせたい」といった、状況に応じて結果を考えながらリードができる、文字どおり上級の投手である。

一軍に上がってきたばかりの若手や外国人投手など、初めてバッテリーを組むときは、まず「下」からスタートする。「中」くらいのポテンシャルを持っていたとしても、出しきれないことが多いし、私がその投手のことを理解しきってからでないと、次の段階にするのが怖いというのもある。

そうして、できることを確認しながら、まだ行けそうということであれば上のレベルに上げていくのだが、面白いのは、それまでは「上」だった投手が、突如として「下」になる日もあるということ。調子が悪くて、こちらの要望どおりできなければ、下げていくしかないのである。潜在能力とは別に、その日の調子で「上」「中」「下」が揺《ゆ》れ動くことがあるということを想定しておかなくてはいけない。

また、投手の役割によって、リードの仕方もかなり変わってくる。リリーフ投手については、先発に比べたらはるかにやりやすい。球種が少ないので、考えることがシンプルですむからだ。抑えるか打たれるかは別にして、ストレートか、決め球の変化球か、どちらかで行くしかない。現在は1イニング以下の登板も多いので、相手がどうかということよりも、自分のいい球をどんどん投げさせるだけのこと。先発タイプの技巧派左腕・石川雅規《まさのり》（東京ヤクルトスワローズ）と、クローザータイプの藤川球児《きゅうじ》（阪神）を思い浮かべれば、一目瞭然《いちもくりょうぜん》だろう。

もう1つ、WBCのような一発勝負のときのリードも、結果は別にして、捕手が考えることは限定された。なぜなら、相手打者のデータがほとんどないからだ。もちろん、事前偵察の情報は入ってきていたし、映像などで確認することはできた。しかし、NPBのときのようなマスク越しに目に入るシャドーの蓄積は一切《いっさい》ない。そうなれば、まず、投手ができることを最優先に配球していくしかない。1球1球投じられたときに見せる打者の反応を見ながら、こういうときこそ「感性」を働かせて、ある程度自分の好きなようにリードしていくしかないのだ。

もちろん、打たれたらその責任は一気に背負うことになる。球審のストライクゾーンも試合ごとにまったく違うので、「ここまでがストライクか」「ここはボールなのか」というゾーンの探《さぐ》りも入れながらではあった。だが、相手の細かいところは、誰もわからないので、文句の言いようもない。そのため、注意深く打者を観察するなどしてはいたが、ベンチは好きなようにやらせてくれた。だから、WBCは、ある意味「やった者勝ち」という感覚でラクにリードできたという、良い記憶だけが残っている。

それにしても、ここまで述べてきたことだけでも、改めて捕手のリードの評価はしにくいと感じる。やはり、チームの勝敗や結果に左右されるところが大きすぎるのだ。

よく考えてみてほしい。例えば、チーム防御率や勝敗成績が悪い球団の捕手が「リードがうまい」と言われたことがあっただろうか。もっと言えば、10点以上失点して敗れたときに、そのチームの捕手が「いやー、すごく打たれたけれども、いいリードしていたよ」と言われたことがあるだろうか？　絶対にないだろう。

例えば、本書の対談にも登場してもらっている、2019年のパ・リーグ2連覇に貢献した埼玉西武ライオンズの森友哉《ともや》についてはどうだろうか？　捕手ながら首位打者を獲得したバッティングや、1シーズンほぼフルに出場したことは評価されているが、「森のリードは素晴らしい」というコメントはあまり聞かないではないか。

さらに言及するなら、19年の西武はリーグワーストのチーム防御率4・35。お世辞《せじ》にも強力投手陣とは言えず、この防御率も彼らの責任によるところが大きかったと私は考えている。しかし、捕手のリードがチームの失点に影響を及ぼすというのなら、森の守備面への批判的な声が上がってもいいはずなのに、そんな意見のほうも、やはりあまり聞かない。これはつまり、リードの評価がそれだけよくわからないということをなによりも示しているのだ。

その一方で、セ・リーグの優勝チーム・巨人の正捕手である小林誠司《せいじ》は、強肩でならすが、これまで、「菅野《すがの》智之《ともゆき》ら巨人の投手陣が好投手揃《ぞろ》いだから抑えられているんだ」などと言われてしまい、どんなに結果が良くても、リード面について諸手《もろて》を挙げて称賛されたことがない。

結局のところ、いいイメージの定着した捕手に関しては、リードのことは悪く言われず、そうでない捕手は、どうやったって叩《たた》かれる。捕手に対するこの手の論評がいかにいい加減か、ということ。

捕手出身の私からすれば、「ナメんなよ！」と叫びたいところだ。

強い肩に対する評価は高いが、イメージのためかリード面を称賛されることは少ない小林誠司。

配球が困るということはないが、やりにくいタイプはいる

ここからは、配球を考えるにあたって、相手打者の特徴について考えていく。

まず、相手打者に対する攻め方だが、どんなに打つ打者であっても、ヒットの確率は3割台であるということが前提となる。7割程度は打ち損じているということだ。そうした状況にあって、「どう配球したらいいかがわからない」というほど困る打者は存在しない。少なくとも私は、現役時代に配球の案が浮かばないという相手はいなかった。要はミスがどの程度許されるのか？　という度合いの差だけなのだ。むしろ、案が浮かばないようであれば、捕手としてはおしまいだ。

だが、一方で、投手に対して困ることは多々あった。「ここでこの球種をこのコースに行きたいけれども、お前、これ投げられないんだよな。どうする？」みたいな状況はよくあった。結局は、投手の力量次第であることが多かった。

とはいえ、実際の試合のときは、それでも結果につなげなくてはいけない。となれば、もう、あとはサインを出して、神様に願いながらミットを構えるしかない。捕手にはそれしかできないのだ。

考えてみてほしい。なにを投げさせても、ボール、ボール、ボール、フォアボール。次も、その次の打者もフォアボールで満塁。そんな状況になったら、「お前、どうすんねん。もう、真ん中ストライクしかないぞ。あとは打ち損じになることを祈ろう!」と開き直るしかないではないか。

あるいは、「ここでインコースに行ったら打ち取れるのに、全然ストライクを投げてこないな」というのは、もっとよくあった。そうなったら、もうリスク覚悟で行くしかない。要するに、相手打者よりも投手によって悩むことばかりなのだ。打ち取るためのアイディアがないという捕手のやるせない心情、おわかりいただけるだろうか。

もちろん、ある程度思いどおりの配球ができて、投手もキッチリ投げたのに、打たれることもあった。それはつまり、駆け引き負けである。

プロの一軍レベルの打者には、打てない球種やコースというのはほぼないと言っていい。もともと得意な球種やコースは、なにも意識しなくても打てるのが当たり前。弱点と言われるところも、それを意識していたら打てる技術は持っているのだ。弱点を克服できていないような打者は、長く一軍にはいられない。そこを徹底的に突かれて結果を出せないまま、二軍に落ちるだろう。

だから、そこをどうやってフィーチャー(注目、意識)させるかが、捕手としては重要になってくる。弱点を意識させて、それが強まってくると、本来目をつぶっても打てる得意なところでも、ミスショットが生まれる。そうなると今度は、得意なコースも意識し始めて、より打てなくなる。バッテリーとしては、この「心をブレさせる」作業をしなくてはいけない。

一方で、弱点をフィーチャーさせようとして攻めたにもかかわらず、そこを打たれたらどうなるか？

「うわっ！　打てへんとこ、打たれた。どうする？　長所行っちゃう？」みたいことになり、勝負が後手後手に回る。こういった過程はもう駆け引きの世界なので、正しいとか間違っているとか言えないものなのだ。

だから、一見、得意コースに投げているのを見て「なにやってんの？」と思うかもしれないときでも、弱点をフィーチャーさせておく「仕込み」をしている場合には、有効な配球になりえるのである。もちろん、「仕込み」の度合いが甘くて、やられる場合もある。だが、それは、相手の得意としているところへ不用意に投げたわけではなく、駆け引きに負けただけのことだ。こちらから打者を見ていたときには、「弱点のコースのほうへ、だいぶ肩入ってきているな。意識しているな」と思って得意なほうへ投げさせていたけれども、「あれだけ肩が入っても、まだ体が回るんやなぁ。もっと意識させなくてはあかんのや」と学習して、次の勝負に生かすようにするのである。

そうした中で、私がマスク越しに対戦した打者でいちばんややこしかったのは、「インコースが得意でアウトコースが苦手なタイプが、アウトコースをフィーチャーしている」というケースだった。なにしろ、インコースが得意なのはわかっているから、簡単にインコースへは行きづらい。それなのに、アウトコースをフィーチャーしているという構えやスイングをしているようだと、「えっ、これ、インコースにも行かなきゃいけないやん」となる。この「得意なところに行かされるような状況になる」のが怖いのだ。

これが逆に、アウトコースが得意な打者がインコースをフィーチャーするのはそれほど嫌《いや》ではない。得意なアウトコースに投げざるをえなくなったとしても、長打の心配はそれほどないからだ。それが、インコースを得意としている打者とは大きく違う。現役時代に、それで苦労したのは、稲葉篤紀《あつのり》さん（元ヤクルトスワローズ・北海道日本ハム、現日本代表「侍ジャパン」監督）や小笠原道大《みちひろ》さん（元北海道日本ハム・巨人など、現北海道日本ハムヘッドコーチ兼打撃コーチ）だった。こちらの攻め方としては、得意としているインコースをうまく織りまぜ、ボール球も有効に使いながらファウルを打たせるなどして、「最後は、外行くよ」という気配を見せる。そこで、向こうがアウトコースをがっつりフィーチャーしてくれると、「お！　インコース行けるよ」となり、やりやすい勝負となる。とこ

捕手として稲葉篤紀さんと対戦する著者。内外角の意識をいかに分散させられるかが勝負。

ろが、それがどうも半々くらいで待たれる感じだと、インコースのサインを出すのが怖いのだ。あの2人の状態がいいときというのは、いつもそうだった。現役の選手で言うと、巨人の坂本勇人《はやと》や、20年からは福岡ソフトバンクホークスでプレーするウラディミール・バレンティンあたりが、似たタイプではないだろうか。

駆け引きで勝てそうにないなら、点差やイニングなどの状況によって「ヒットでも仕方ない」と割りきってアウトコースへ行くのが大ケガの確率を低くする攻め手だが、このクラスだと、だからといって長打がないわけではない。そのため、玉砕《ぎょくさい》覚悟でインコースに行く場合もある。ときには、点差的に勝負に関係のない場面で、「打たれてもいいから、インコース」ということもある。それは、翌日以降の試合に生かすためという部分もある。

この手の話は尽きることがない。いくらでも話せるが、ほんの一例をここで紹介しただけでも、リードや配球はそれぞれだと思ってもらえれば幸いだ。

最後にもう一度、確認の意味で申し上げておく。

リードに正解はない。そして、リードの評価は難しい。その中で、捕手は監督からの指示やスコアラーからのデータ、そして、なにより重要な自分自身の頭の中に蓄積しているデータベースをもとにしつつ、味方投手の技術や調子の良し悪し、相手打者の気配を総括《そうかつ》して、1球ごとにサインを出している。それが、私の経験から言いきれる事実だ。

特別対談
前編

里崎 智也 × 森 友哉

「勝てる捕手」の技術論
&ミットのこだわり

名捕手についての考え

「森選手は『打つ』『勝つ』という俺《おれ》が考える名捕手の定義の両方を実現」——里崎

×

「捕手である以上は、最小失点で抑えたいという気持ちも当然あります」——森

里崎　今回は対談してくれて、ありがとう。それにしても、下半身、ヤバくない？　「競輪選手です」と言っても誰も疑わないよ。すごい筋肉やな。

森　ありがとうございます。

里崎　さて、この本では、捕手について俺《おれ》の考えるところをまとめるとともに、「捕手的な視点」による考え方を活用することで野球がよりうまくなりますよ、ということを述べているんだよね。その中で、「名捕手とは、どんな捕手？」という問いに対して、「メチャクチャ打つ」か「チームが勝つ」かの少なくともどちらか1つはないと名捕手になれない、という持論を展開しているんだよ。

そこで森選手だけど、2019年にパ・リーグ首位打者を獲得して、チームはリーグ優勝。シーズンMVP（最優秀選手）も受賞した。まさに、「メチャクチャ打つ」と「チームが勝つ」の両方を実現させたわけで、このまま末永くプレーできれば、確実に「名捕手」

になれると思う。森選手自身は、自分の捕手像について、現状でどのように考えているの？

森　僕のいちばんの武器は打つことであるという自覚は持っているので、確かに19年はそれを生かせたという手ごたえは感じました。でも、捕手である以上は、最小失点で抑えたいという気持ちも当然あります。完封ゲームも増やしたいし、ロースコアの試合をもっと作りたいと思っています。

里崎　19年の埼玉西武は、チーム防御率4・35。リーグ最下位だったからね。

森　これは大きな課題ですね。投手、捕手、どちらが悪いということではなく、バッテリー間で反省すべきことなので、お互いに試行錯誤《しこうさくご》して改善していかなくてはならないと思います。

里崎　俺が客観的に見る限り、西武の投手陣は発展途上の選手が主要メンバーでもあることが、現在の成績の難しさにつながっているんじゃないかな。牧田和久《まきたかずひさ》（現東北楽天ゴールデンイーグルス）、野上亮磨《のがみりょうま》（現巨人）、菊池雄星《ゆうせい》（現シアトル・マリナーズ）といった、以前に西武で主軸として活躍していた投手たちが、FA（フリーエージェント）などで数年のうちに一気に抜けてしまった。それが、防御率の低下を招いているよね。

でも、この状況がずっと続くとは思えない。現在の今井達也や髙橋光成《こうな》、松本航《わたる》といった若い投手たちは未来に向けては明るいので、これから花開く過程を一緒に作り上げていくのは、きっと面白みがあると思うよ。

森　それはありますね。

里崎　俺も渡辺俊介《しゅんすけ》（現新日鉄かずさマジック監督）や小林宏之、清水直行《なおゆき》さん（現琉球ブルーオーシャンズ監督）、小野晋吾さん、薮田安彦さん、小林雅英《まさひで》さんといった世代の近い投手陣と一緒に成長していったところがあった。思ったことは言ったほうがいいし、逆に言ってもらうことも大事。渡辺俊ちゃんは同い年で小林宏之は後輩だから当然言えていたけど、3つ上の薮田さん、2つ上の小林雅英さん、1つ上の清水直行さん、小野晋吾さんにも、必要なことはズバズバと言っていた。もちろん、逆に言われたこともある。薮田さんからは、最初のころ、「サトの構えは、大きくて投げづらい」と言われたり、清水さんともベンチで言い合いになったりしたことがある。でも、その都度《つど》、お互いに指摘し合うことで、より良い方向に進んでいったから。

森　世代が近いと、言いたいことが言いやすいというのはありますね。これからもっと良くなっていくだろうと評価されている投手が多いですし、自分自身もフルにマスクをかぶるようになってまだ日が浅いので、遠慮する必要がない。その意味では思ったことを伝えやすい環境だと思います。

里崎　でも、20年に松坂大輔が西武に戻ってきたことは、大きいことだと思う。メジャーリーグでの経験が豊富で、日本のレジェンドでもあるしね。能力的には全盛期を過ぎてしまったけれども、バッテリーを組むことで、彼が過去に経験してきたノウハウを吸収できるのは、捕手として貴重だよ。

森　まだ何度か受けただけですけど、それでも指にかかったボールは良いですし、これからいろいろな配球や攻め方を話し合っていきたいですね。

里崎　そのためには、大輔のあとをずっとついて回るしかないかもな(笑)。森選手は何年生まれ？

森　1995年です。

里崎　大輔は80年生まれだから、年齢差は15歳か。俺で言うと、小宮山悟《こみやまさとる》さん（千葉ロッテ、横浜ベイスターズ、ニューヨーク・メッツなど。現早稲田《わせだ》大学監督）が11歳違いだったから、わりと近い感覚かな。俺の場合、小宮山さんが好きなゴルフに一緒に行ったりして、距離を近づけていったよ。趣味を共有するというのは、けっこう有効だと思う。詳しくは知らないけれども、大輔はいろいろと趣味がありそうだし。

森　僕、ホンマに趣味ないんですよ。困ったな、どうしよう(笑)。松坂さんもゴルフは好きそうですけど、僕はゴルフを今はあまりやっていないです。ゴルフって、まず時間が長いやないですか？

それと、朝早いのがいちばんつらくて（笑）。だから、まだずっと先でいいかなと思っています。松坂さんとのコミュニケーションの手段については、ちょっと、別の方法を考えてみます。

新旧名捕手によるミット談義

「こだわりはあまりないけど、小さくて柔らかいほうがいいです」――森 ×「俺も柔らかくないとダメ。ただ、『これでなくては』ということはない」――里崎

里崎　この場に、森選手が現在使っているミットを2つ用意してもらったんだけど、偶然にも俺が使っていたのと同じメーカー（ＺＥＴＴ《ゼット》）やな（笑）。どこかこだわっているところはあるの？

森　僕、ミットのこだわりはあまりないです。捕りやすければ……。ただ、あまりデカいのは嫌《いや》なので、小さめというのはありますかね。あと、柔らかいほうがいいです。

里崎　俺も柔らかくないとダメだった。座布団のようにペラペラやったね。ただ、ミットの好みは千差万別《せんさばんべつ》。1つとして同じ型だったことがない。それぞれ個性的なものに仕上がるよね。そして、「これでなくてはならない」ということもない。使っている人がしっかり

捕れれば、それがいい型ということになるから。他人のミットを使うと、全然違う。捕りにくいよね?

森 そうですね。ただ、先輩の岡田(雅利《まさとし》)さんのミットは、むちゃくちゃ捕りやすいんですよ。だから、メーカーさんに「あれをイメージしたミットをお願いします」と伝えて作ってもらうんですけど、なかなかまったく同じものにはならないですね。

里崎 そのくらい、ミットは難しいということやね。だから、俺も現役16年間で4つしか使わなかった。しっくりくるミットになかなかたどり着かないから。いちばん長いものでは8年間使ったよ。破れた箇所《かしょ》が出るたびに、何度も修理してもらって。

森 へえ、そうなんですね〜。

里崎 この2つのうち、どちらのミットがメインなの?

森 両方使って試していますね。

里崎 ちょっと手を入れさせてもらっていい?

森 ええ、どうぞ。

里崎 (2つのミットに手を入れて)。俺はこっちの、親指が伸びたままそれ以外の指をかぶせてひねるように捕るタイプのほうが合うな。もう片方のミットは、5本の指全体でボールを包むように捕る型やね。こちらは個人的にはあまり好きではないかな。ひねるよう

2人は偶然にも、同じメーカーのミットを使用。形やサイズ感、柔らかさなどは捕手によって異なり、仕上がりも1つずつ違う。お互いのこだわりを確認し合うなど、「ミット談義」は尽きなかった。

に捕球するタイプは微妙にウェブ（網《あみ》）寄りのところでボールを捕るので、手が痛くならない。だから、俺は手袋を一切《いっさい》したことがなかったよ。

森 僕は、今現在は、もう1つのつかむタイプのほうがいい感じです。

里崎 それは、どっちが良い悪いではないからね。好みの問題だから、そのとき自分に合う型を使えばいいいと思う。大丈夫。ZETTさんは、末永く修理してくれるよ（笑）。

ブロッキングのテクニック談義

「早く止められる場に入れるかが勝負。投手がミスをしたときでもね」—里崎

×

「確かに、『予想していれば、防げた』と思えることは何度もあります」—森

里崎 俺は守備において捕手に求められるのは、しっかり捕って、ショートバウンドをしっかり止めて、投げること。つまり、キャッチング、ブロッキング、スローイングが3大要素だと考えている。森選手はキャッチングについては、現在、どういう意識でやっているの？

森 まず、しっかり止めることを考えています。いい音を出してキャッチングすることも大事ですけど、実際の試合ではそこまでは聞こえないので、まずは止める。それをいちばん意識しています。

里崎　結局、ブロッキングにしてもそうだけど、早く止められる場に入れるかだけが勝負だから。そこに入れるような形を身につけるしかない。

森　今、それを頑張《がんば》ってやっています(笑)。正直言うと、「これだけは完璧《かんぺき》な動きができる」というものは、まだ得られてないので。常日頃《つねひごろ》から、もちろん、キャンプのときでも「打撃よりも守備に力を入れて、時間を割《さ》いてやりたいです」と言っているんですよ。バッテリーコーチの秋元宏作《こうさく》さん（元西武、横浜）にもお伝えして、話し合いながら練習をしています。当然、基本練習が多くなりますね。

里崎　投手がミスをしたときの傾向とかマックスの範囲を覚えることが大事やね。「この投手は引っかけることが多い」とか、あるいは「この投手は抜けるのが多い」というのがあると思う。今井投手や髙橋光成投手は、投球が暴れることがあるから、その予想をさらに上回るときがあるかもしれないけれども。

森　でも、確かに、19年シーズンは、「予想していれば、防げた」と思えることは何度もあったので、自分の準備不足がパスボールにつながったということはありますね。

里崎　プロといえども、とんでもないところに投げてくる場合があるから(笑)。シュートを投げようとしているのに、指に引っかかって外角に来たり、スライダーのサインなのに抜けてしまって、それがシュート気味になることもあったりするし。力投派の場合は、マジで怖《こわ》いよ。俺のときは、小林雅英さんとか、小林宏之がとくに落ちるボールのときにガンガン引っかけた投球をしてきた。あと、小野さんはシュートのサインでカットボールが来たり、逆にカットと言ってシュート気味に来たりしたよ。

森　ああ、僕もそういう経験はいっぱいあります。

里崎　「お前、今、カットって言ったんちゃうの？　逆に曲がっとんで」と、あとでよく文句を言ったよ(笑)。

森　さっき名前が出た今井や（髙橋）光成もそうです。本人も投げたくて投げているわけではないですけど、ムチャクチャなときがあります(笑)。十亀《とがめ》（剣《けん》）さんも、日によっては逆球が多いときがありますね。リリーフなら、平良《たいら》（海馬《かいま》）もそうです。逆に、平井（克《かつ》典《のり》）さん、増田（達至《たつし》）さんは、ある程度予想はできます。

里崎　平良や増田は、150キロクラスだから、投げミスがあったときはキツいな。俺はヤバい投手のときは、コース側へ目一杯なんて寄らなかったからね。逆球が怖いから。寄ったら対応できなくなってしまう。

森　僕も寄らないようにしていますね(笑)。

里崎　あとは、早めに動くことが大事だと思う。ギリギリまでボールが来てから動こうとすると、逆球のときに対応できなくなる。早めに動くつもりで準備をしていれば、逆方向に投球が来ても、なんとか対応して止められる。とにかく、なにを言っても止めなければ相手に次の塁を渡してしまうので、投球ミスがあっても、そのミスをこちらが許容できる範囲におさまるよう、頑張ってなんとしても止めないと。それが捕手の仕事だしね。

森　しっかりと想定して、できればすべて止めたいですね。

盗塁阻止は投手の協力が不可欠

「自分の送球もまだまだ精度が悪いけど、投手にも頑張ってもらわないと」――森

×

「クイックは、昨今のプロの投手なら、誰もが努力して覚えるべきもの」――里崎

里崎　盗塁阻止については、俺は「投手がクイックモーションをしっかりしてくれるかどうかに7～8割方かかっている」と、いろいろなところで発信しているけど、森選手はどう考えている？

森　う～ん、難しいところですね。自分の送球もまだまだ精度が高くないですし。だけど、投手にも頑張ってもらわないと。正直なところ、ときには「もう、刺さんでええわ」となるときはあります。

里崎　そやろ?（笑）。

森　その分、ストライク1つ取れればそれでいいわ、とあきらめている投手も正直います。それと、僕の送球についても、とくに19年は捕手として1年間ほぼフルに近く出場したのは初めてだったので、疲れて下半身が使えなかったり、肩の疲労があったりして、うまく投げられないときがありました。今後は10割ではなく、常に6～7割で安定してタッチがしやすいところへ投げられるようにしていきたいと思って練習しています。

里崎　常に全力では、1年間もたないからね。投げやすいところに来れば、全力で投げられるけど、いろいろなコースに来るものをすべて全力で送球しようとしたら、むしろ動作が遅くなる。6～7割で投げることが、1年間、疲労を抑えて安定して盗塁も刺せると思う。要はバランス良く投げることやね。

森　そうですね。スローイングもそうですし、バッティングにしても6～7割で打てたほうが打球が飛ぶことがありますよね。結局、力を抜いていても、インパクトのところではどうしても力が入ってしまうので、そのくらいのつもりで投げるほうがいいのかもしれませんね。

里崎　牽制《けんせい》やクイックについては、投手とどういうふうなコミュニケーションをとっているの？

森　19年、県営大宮球場で千葉ロッテと対戦したときに（5月9日）、3対3の同点だったんですけど、7回表で1アウト一塁。打者が左の鈴木大地さん（20年から東北楽天）で、一塁走者が荻野貴司《おぎのたかし》さんだったことがあるんです。そのときに、マウンドの平井さんが、ゆっくりの牽制、普通の牽制、素早い牽制と3球続けたり、その後も1球牽制球を入れたりするなど、ムチャクチャ警戒していたんですよ。けれど、最終的に本塁への投球が完全に盗まれて、僕も二塁に投げられず、盗塁されてしまいました。

このときは、先輩ですけど、「走ってくるのがわかってんねんやから、牽制するなよ」と思いました（笑）。僕からは牽制球のサインを一切《いっさい》出していないのに、何回も牽制していたんですよね。カウントが1ボール1ストライクになったところで、僕は1球、外角のボール球で外そうと思ったら、首振って内角のスライダーを投げてきた。それが引っかかって、捕るのが精一杯になるという（笑）。

里崎　よくあることやね。

森　荻野さんが走ってくるのは、わかっていることですし、平井さんも特別クイックが素早いわけではないんですよ。それなのに、何回も牽制していたら、野手も1球1球動かないといけないし、テンポも悪くなります。試合後、すぐに平井さんとしっかりと話し合いをしました。「そんなに牽制いらんし、走るとわかっていてスライダーを投げるなら、ちゃんと打者と勝負してください！」と（笑）。

捕手で1年間出場したのは2019年が初めての森友哉。投手との協力で、さらなる向上を図る。

里崎　クイックさえしっかりしてくれれば、牽制は必要ないからね。走者はスタートが切れなくなるから。久保康友（元千葉ロッテ・横浜ＤｅＮＡなど。19年は、メキシカンリーグのブラボス・デ・レオーン＝英名レオン・ブラボーズに在籍）という、ものすごくクイックの素早い投手とバッテリーを組んでいるときは、ラクだった。モーションを起こしてから投球が捕手に到達するまでのタイムは、１・３秒程度が一般的に求められる水準だけど、久保は１秒ちょうどくらいだったからね。年間に２～３回しか盗塁を企図《きと》されることがなかったよ。

　クイックは、昨今のプロの投手なら、誰もが努力して覚えるべきものだと俺は思う。盗塁されなければ、誰よりも自分自身がいちばん助かるんだから。その代わり、捕手としては、投手が完璧なクイックをしたとき、いいところへ送球して必ずアウトにしなくてはならない。それで得られる信頼関係というのもあると思う。だから、当然のことだけど、そのための準備だけは、いつでもしっかりとしておかないと、ということやね。

森　はい。そこは僕も高めていかなくてはいけないところだと思っています。そのうえで投手陣にも協力してもらって、少しでも盗塁を防げるようにしていきたいですね。

（２２１ページからの対談後編に続く）

第4章

捕手だから知る「勝ち続ける投手」の条件

～ダメな投手の直し方～

勝てる投手は、3球種以上を思いどおりに投げられる

この章では、捕手から見た投手について述べていく。ボールを受ける側であり、サインを出す側である捕手の目線は、実際に投げる投手とはまた違ったものだ。投手は捕手とは真逆《まぎゃく》のサイドから打者を見て、ピッチングを行っている。それに対し、捕手はより打者の側にいて、打者と同じ目線で投球を見る。実際の投手とは、また違った理想の投球像があって当然だろう。投手が捕手と考え方を共有できれば、少なくとも不利益は生じないはずだ。また、私の考え方は、一般的な捕手とは違うと評価する人もいる。その点については、当人である私にはよくわからないが、以降、読み進めてもらえれば、里崎が投手に求めていることの一端《いったん》が読み取れるかもしれない。

私が考える捕手的視点からの「勝てる投手」は、「3球種以上を思いどおりに投げられる」というものだ。もちろん、ただ投げられればいいわけではない。ストレートを含めた3球種を、いつ、いかなる状況においても自分の思いどおりに投げられるという条件がつく。千葉ロッテ時代にバッテリーを組んだ成瀬善久《なるせよしひさ》（のちに東京ヤクルトなどに在籍。現在はBCリーグの栃木ゴールデンブレーブス選手兼任コーチ）は、その例として最適だろう。

成瀬はストレート、スライダー、チェンジアップを、満塁で2ボールノーストライクという局面でも、8割方思ったとおりのコースに投げ分けることができた。

3球種あれば、リードの幅が広がる。例えば、その日1つの球種が悪くても、ほか2つの球種が良ければいいほう2つを中心として使い、もう1つの悪いほうを適度に混ぜながら投手を引っ張ることができる。球種が2つしかないと、片方の調子が悪いときに苦戦してしまう。最初から勢いでねじ伏せるリリーフ投手は2つの球種でも構わないが、先発として勝てる投手になるためには、やはり3つ以上の球種がないと厳しい。

だが、投手に、「今日は、どの球種でストライクが取れるか?」と聞くことはあまりない。ブルペンで良くても、実戦ではどうなるかわからないからだ。そして、私は投手が言うことを信じるタイプではない。自分が球を受けた感覚を信じる。受けてみて、もしリリーフ投手のストレートが走っていないと感じたら、かなり厳しい状態だ。変化球でかわしてなんとかしようなどと考えている場合ではない。すぐに代えなければいけないレベルだと思う。

また、ストレート以外にも、変則左腕のような別のタイプで持ち味である球種が良くないときも同様だ。例えば嘉弥真新也《かやましんや》(福岡ソフトバンク)であれば、スライダーでストライクが取れないと、とたんに厳しくなる。いずれにせよ、メインの球種が使えないなら、捕手としてはリードのしようがないのだ。

千葉ロッテでの現役時代にバッテリーを組んだ伊藤義弘は、右のオーバースローだが、得意球のスライダーが決まってくれないときは厳しかった。そのときは、真ん中に構えてストレートを要求し、「神様、お願いします！」と祈ったものだ。

スピードがあるのが、いちばんのアドバンテージ

スピード、コントロール、野球脳。この中で投手が備えていたら絶対的に勝てる要素がスピードだ。速い球であれば、たとえストライクゾーンの四隅に投げ分けられなくてもいい。ストライクとボールを投げ分けられさえすれば、それだけで大きなアドバンテージとなる。極端に言えば、ど真ん中のストライクでもいいから、ボール球との投げ分けができれば良く、アウトコースにしっかりと投げることができなくても構わない。打者としてはストレートのスピードが速い投手がいちばん打ちづらく、捕手としても困ったときにストレートを要求しやすくなる。非常にありがたい要素だ。

速い投手に対して、打者はストレートにタイミングを合わせてくることが多い。そうすると、変化球がより生きてくる。例えば豪速球を投げるデニス・サファテ（福岡ソフトバンク）を相手に、最初からフォークのタイミングで待つ打者はまずいないだろう。

一方で最悪となるパターンは、「ストレートが遅いな。これは変化球のタイミングで待っていても打てそうだ」と思われてしまうときだ。こうなると、投げる球がなくなる。打者は怖《こわ》さを感じないため、低めに変化球を投げたとしても、手を出してくれない。

では、なぜストレートが遅い、前述の東京ヤクルト・石川雅規が、先発として長年勝つことができるのか？　石川の場合、まず、投球フォームに見えづらさがあり、ストレートを速く見せる方法を知っているということ。さらに、多彩な変化球を操《あやつ》るため、打者は常に「変化球が来るかも」と思ってしまう。そのため、打ちづらさが生まれるからなのだ。

山本昌《まさ》さん（元中日）もこのタイプだが、両者に共通して言えることは、コントロールも優れている点だ。だが、コントロールがいいということは、荒れ球でない分だけ、打者としては対応しやすい。そのため、コントロールの良さ、プラス、どの状況でも何種類もの球種を投げられるという要素がないと、打者に待たれてしまう。「この状況になったら、この球種が来る」ということが読まれると厳しい。石川は、おそらく常に5個くらいの球種をどのカウントでも投げられる。これが「球種は5個あるけど、この場面では2球種しか投げてこない」となると、打者にとってはラクだ。どの状況でも5球種投げられるようにすることで、打者に対応されづらくしなければならない。

また、このような技巧派投手は、打ち取るための投球術が不可欠となる。それはつまり、打者を惑《まど》わせるための作業が格段に増えるということだ。多数の変化球を駆使し、「もうストレートは来ないだろう」と思わせてから、大胆にストレートを投げることで速く見せて抑えたり、また、別のときには、その対戦データを逆手《さかて》にとってストレートを投げずに抑えたり、配球を考えなくてはならない。捕手にとっては求められるハードルは一気に高くなり、難しい作業になる。捕手の仕事が多くなるということは、つまり、「勝てる投手」の条件からは遠ざかるということだ。

あらゆる球種をどんな場面でも投げられる石川や山本昌さんにしても、二死満塁、2ボールノーストライクの場面でストレートを投げることは、まずないだろう。おそらくカットボール、ツーシーム系、チェンジアップ、スライダーなどから、その日いちばん状態がいい球を投げると思う。だからこそ、捕手としては難しい。「困ったら、ストレートを投げさせればいい」「ストレートでファウルを打たせ、最後はフォークで仕留める」といったようなラクな配球はできず、深く考えないといけない。一方で、困ったら速いストレートでカウントを整えるラクな配球ができるタイプとしては、全盛期の阪神・藤川球児が挙げられる。極端に言えば、全球ストレートを投げさせておけばいいのだから、これほど考えなくていい投手はいない。同様に、澤村拓一《さわむらひろかず》(巨人)もラクなタイプと言えるだろう。結果がどうなるかはともかく、3ボールノーストライクからストレートのサインしか出せない投手だ。

変化球は、ボール球だから効果がある

世間一般的には、「変化球は打ちにくい」と思われているかもしれない。だが、それは間違っていると思う。実際のところ、変化球はいちばん打ちやすい。ではなぜ、打者が変化球を打てないかというと、ボール球だからだ。テレビ中継の解説者が「勝負球は変化球でしょう」と言っているときは、「ストライクからボールになる変化球」と解釈すべきである。

実際には、ストレートだってボールゾーンに投げられたら、そう簡単には打てない。多くの人が「あんなところで見え見えのストレートを投げるから」などというのは、ストレートの大前提を「ストライクゾーンへ投げること」に置いているからだ。一方で、変化球については、多くがボール球を投げることを前提に語られている。その点に惑《まど》わされてはいけない。

ストライクゾーンに限れば、ストレートよりも変化球のほうが打ちやすい。なぜなら、単純に球速が遅いからだ。さらに、変化球の中でも、曲がりが大きい球種は軌道を予測する時間ができるため、より打ちやすい。大げさに言うと、スローボールと同じなのだ。フォークやチェンジアップも同様で、ストライクゾーンに来るフォークなどはほとんど半速球のようなもの。これほどたやすく打てる球はない。

逆に、スピードが速いストレートはいちばん打ちづらい。捕手としては、困ったら使える球種にもなる。速い球を投げられる投手は非常にありがたい存在だった。

変化球については、多く種類があるように思われがちだが、みな球種の名前に惑わされている。シュートもツーシームも呼び方が違うだけで、実際には同じ球だ。フォークとスプリットも違いはない。アメリカでは誰もフォークとは呼ばない。ボールを挟《はさ》んで投げれば、どんな球でもスプリットと呼ばれている。

結局のところ、変化球が変化する方向というのは、左右両サイド、両サイド斜め下、そして真下。この5種類しかないのだ。だから、もっとシンプルに考えるべきだろう。斜めに落としたいか、横に動かしたいか、真下に落としたいか。それだけでいいはずだ。

そして大切な部分は前述のとおり、ただ変化させるだけでなく、自分の思ったとおりにコントロールできる技術を、投手が身につけること。この基本を忘れてはいけない。変化球の名前など、投げた投手の言ったもの勝ちなのだから、ほかの選手は気にしたり、惑わされたりする必要はまったくない。

例えば、チームメイトだった薮田安彦さんの持ち球の中には、本人いわくツーシームがあるが、受けている捕手の私にとってはチェンジアップと変わらない変化だった。本人と他人では、違った見え方がするものだ。

ちなみに打者も、球種の名前に惑わされる必要はない。相手がどういう名前で言っているかではなく、自分にとってどの変化球に見えるかが重要だ。それによって自分の中でタイミングを合わせたり、対応したりする方法を認識できる。相手の言う名前に惑わされると、頭がごちゃごちゃになり、打つことがいっそう難しくなるだろう。

外へのチェンジアップかフォークがない左の先発投手は厳しい

捕手の目線で「勝てる投手」の条件を考えると、現在のプロ野球では、チェンジアップかフォークを投げられない左投手が先発ローテーションに入るのは、非常に厳しいのではないだろうか。チェンジアップはストレートと同じ腕の振りでスピードが緩《ゆる》く、タイミングを外す効果があるが、カーブやスライダーなどと反対の方向にやや逃げていく球としても、たいへん有効だ。最悪、フォークをチェンジアップのように投げられるのであれば、それでもいい。だが、どちらの球種にせよ8割方、自分の思ったとおりに投げられないと、中継ぎ以外のポジションは務まらない。

その典型的な例としては、藤岡貴裕《たかひろ》（現巨人）がいる。東洋大学時代に東都大学野球リーグで活躍し、ドラフト1位で千葉ロッテに入団してきた期待の左腕投手だったが、ストレートとスライダーがメインで、チェンジアップ系の球種は試合に使えるレベルで投げることができない。そのため、プロの世界では長年苦戦している。

近年のプロ野球界を振り返っても、杉内俊哉《としや》（元福岡ソフトバンク・巨人、現巨人二軍投手コーチ）、和田毅《つよし》（福岡ソフトバンク）、内海哲也《うつみてつや》（埼玉西武）など、先発ローテーションで大成した左投手はみな、チェンジアップやフォーク系の球種を使いこなしている。

そして、右投手であってもチェンジアップがあるに越したことはない。岸孝之《たかゆき》（東北楽天）は、大きく曲がり落ちるカーブで台頭した投手だが、実はいちばん厄介《やっかい》な球種はチェンジアップだ。腕を思いきり振って投げるが、ストレートと同じ軌道でボールがなかなか来ない。打者にとっては簡単にカウントを取られてしまう。

金子弌大《ちひろ》（旧登録名：千尋《ちひろ》／北海道日本ハム）も落ちるチェンジアップを使いこなす厄介なタイプとして挙げられるだろう。さらに山﨑康晃《やまさきやすあき》（横浜DeNA）のツーシームも、私にとってはチェンジアップのような変化に見える。これも緩急《かんきゅう》をうまく使っている投手の例として挙げられる。

現代は変化球の握りを紹介する本が多くあり、インターネットでも調べられる。そのため、高校野球でも多くの投手が投げ方を知っている。習得しないままプロの世界に入ってきた若い投手も、早い段階からチェンジアップを投げる方法を知り、練習をして損はない。

また、「勝てる投手」の条件として、細かな点を挙げると、手が大きいこともアドバンテージになると思う。ボールの大きさは決まっているため、指が長いほうがしっかりとグリップできる。おのずと、スピンもきかせやすい。

一方でよく、昔の野球選手が「尻が大きい選手がいい投手」と言っていることがあるが、その点については疑問だ。尻が大きいと、なにが有利なのだろうか？　明確な答えはない。そして、私は根拠がないものを信用しない。それよりも、「一般的な考えとして、指が長いほうがフォークを投げるときに握りやすい」というような、見た目からして納得できる具体的な根拠のある話をしてほしいと思う。昔の野球人が言っていることは、言葉だけ聞いていると、「それ、本当にそうなんですか？」と疑ってしまう内容が多々ある。ほかにも、「マウンドさばきが良い」という言い方をされるときがあるが、これも「はあ？」という感じだ。それは、抑えてから、あとづけで褒《ほ》めているだけの結果論ではなかろうか。「投球のテンポがいい」も、おかしな言い回しだ。投球間隔が短く、一定のリズムでポンポンと投げる投手のことを指すのだろうが、それが原因で打たれ出したら止まらなくなるケースもある。そのときは、テンポの良さを褒めることは絶対にない。逆に、だらだらしたテンポで投げる投手が抑えたら、「うまく間《ま》をとって、抑えていますね」と言われたりする。

要するに、言い方と言うタイミングが不適切なのではないだろうか。「いつもはポンポン投げているのに、今日は妙に間合いが長かったり、牽制《けんせい》を入れたりしている。テンポが悪い」とか、「いつもは間合いをとっているのに、今日はテンポが早い。投げ急いでいるようにも見える。テンポが悪い」や、「いつもと同じテンポで投げている。今日はテンポがいい」などと、結果が出る前に言うのなら、まだわかる。しかし、多くのファンは、ただ投げるリズムが早くて良い結果が出ているときだけ「テンポがいい」と言うから、疑わしくなるのだ。普段からその投手の特徴を把握《はあく》し、理解していれば、安易に結果論から生まれる言葉を使うことにはならないだろう。

なんでもそうだと思うが、ものを語るときには、まずしっかりとした事実を適切に述べることが大事なのではなかろうか。解説をしているときの私は、いつもそのことを念頭においてコメントするようにしている。

ピッチャーとして大成したいなら、遠投をするべき

先ほどスピードとコントロールの話をしたが、受けている捕手の目線で言うと、コントロールがいい投手は絶対的に「胸が見えない」という特徴を持っている。右投げで言えば、左肩から手にかけての壁がしっかりとでき、体の正面を打者に見せないことがポイントだ。

左手の使い方が甘いと肩の開きが早くなり、遠心力に負けてボールを持った右腕が体幹の軸から早く離れてしまう。すると、コントロールが悪くなってしまうのだ。ところが、スピードを出そうとすると、遠心力が必要になる。そのため、球速のある投手ほど、手が離れていきやすい。結果として肩やヒジを故障しやすくもなる。諸刃《もろは》の剣《つるぎ》なのだ。

では、その対処法としてはどうすればいいのか。答えは遠投をすることだ。実際にやってみればわかるが、遠心力に負けると、遠投でコントロール良く投げるのは難しい。だからこそ、練習をすることで、的確な動作を体に覚えさせることができる。遠投はほかにも、体のバランス、リリースポイントとボールに伝える力の正確性、回転の良さがないと、きちんと行うことが絶対にできない。大げさな言い方だが、ピッチングはしなくても、遠投の練習だけしていればいいと思う。コントロールが良く、キレがある球を投げて長年活躍している投手は遠投を丁寧《ていねい》に練習していた。それが根拠だ。上原浩治さんを筆頭に、山本昌さん、薮田安彦さん……。挙げていくと、きりがない。メジャーリーガーのパイオニアとなった野茂英雄《のもひでお》さん（元近鉄バファローズ、ロサンジェルス・ドジャースなど）も、キャンプ中は遠投をメインに調整していたと聞いている。

逆にキャッチボールのように短い距離を投げる練習は、いくらでも小細工ができる。ただ勢いで投げればいいのだから。遠投だとそうはいかない。最後、ボールが垂《た》れているか、終わりまで力が伝わっているかが、はっきりとわかる。

同じ遠投をするにしても、低く、強いボールを投げなくては、意味がない。以前、ある投手が、遠投で50度くらいの角度で投げていた。「宇宙に投げているのか？　しっかり投げないと、なんの意味もない練習なのに」と思ったものだ。

また、遠投は投手だけでなく、捕手やそのほかの野手についても肩を強くする練習として有益だ。ただし、50メートルほどの距離を投げられればいい。よくドラフト候補の選手を紹介するのに「遠投１２０メートルの強肩」などと取り上げられることがあるが、実際の野球のプレーにおいては、外野手でさえ50メートルぐらいの距離しか投げない。外野のフェンス際からダイレクトにホームベースに向かって大遠投する機会なんて、皆無《かいむ》に近い。シーズンのほとんどは、中継に入る内野手に投げるか、走者二塁でのシングルヒットや犠牲フライなどで定位置よりも前から投げることになる。その距離は、長くても50メートルくらいだ。

だからこそ、この距離を素早く、正確に投げられるように練習しなければならない。初めは20メートルでもいい。正しいフォームで、目線は上のほうではなく、投げたいと思うボールの行き先の高さに置いて投げる。山なりではなく、強いボールを相手に届けるようにする。この2つを守り、練習を続けることで、20メートルが30メートルの距離に伸び、さらに40、50メートルと、遠くまで投げられるようになる。

「里崎流」捕手＆野手にも役立つ遠投練習法

◎良い例

低く強い球で適度な距離を投げる

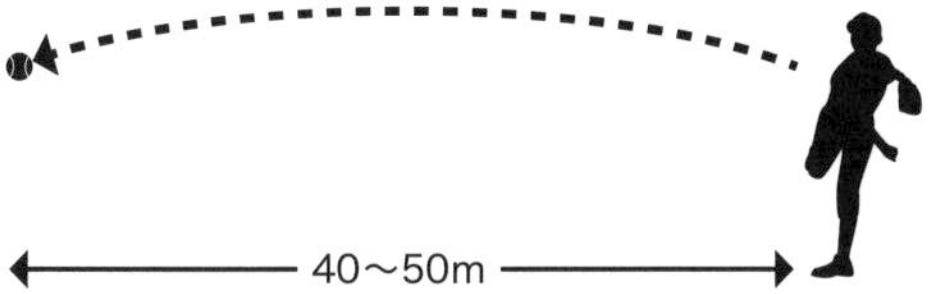

捕手でも内外野の野手でも、試合の中で投げるのは長くても50メートル程度。実戦で使う距離で、常に低くて強い正確な送球ができるように、日ごろから練習を重ねておくことが重要だ。

✕悪い例

山なりの軌道になってしまうような長い距離を投げる

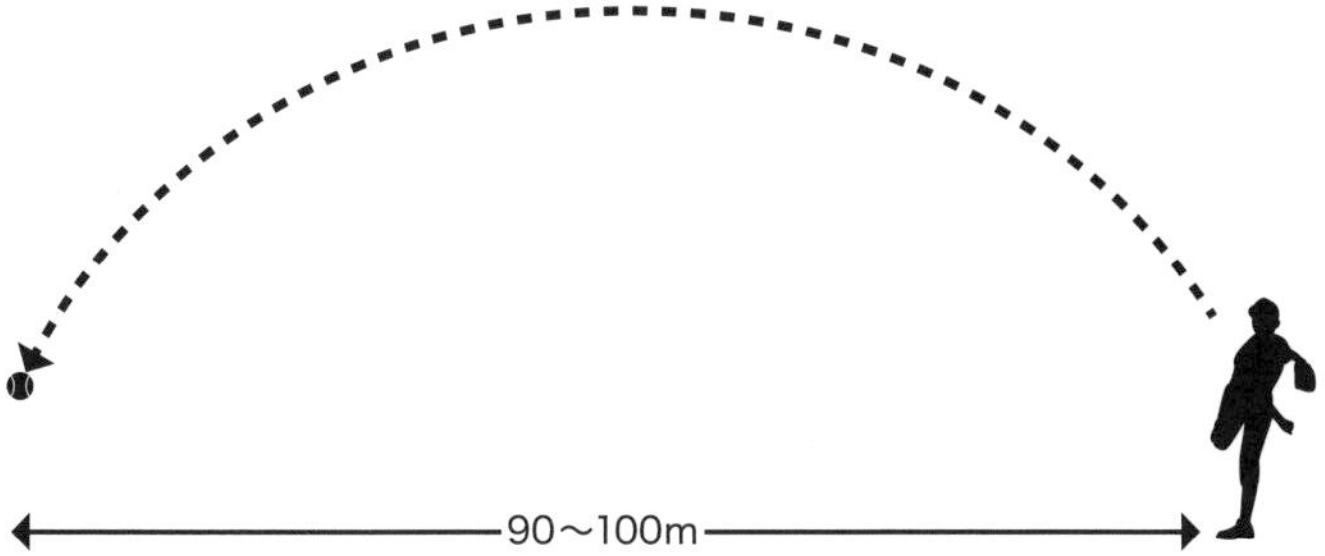

投手がフォームを固めるために長い距離を投げるのは意味があるだろうが、捕手や野手が、そこまでの距離を試合で投げることはほぼない。実戦に不要な練習は、時間の無駄である。

このとき、助走をつけて、ただ遠くまで投げようとしてはいけない。前述のとおり、野手は50メートルほど投げられればいい。まるで遠投競争でもするかのように100メートル、120メートルの距離を投げようとすることに意味はない。フォームを考えずに助走をつけて投げるムチャなマネまですると、ケガの心配まで出てくる。これだけは行ってはならない。

クイックモーションは、早くから習得すべき

捕手の立場から考えると、守備や牽制、クイックモーションなどのオプションも、「勝てる投手」の大切な条件になる。プロの投手は、ここをどこまで真剣に追求できるかが、長年プロの世界に居続けられるかどうかのカギを握ると言ってもいいくらいだ。私がプレーしていた当時の千葉ロッテでは、小野晋吾さんが近距離のノックを毎日のようにこなしていた。マウンドよりもずっと前に立ち、そこでノックを受けることで、高い守備技術を身につけていた。

牽制がうまい投手も同じく、練習を何度も繰り返していた。クイックモーションもそうだ。へたな選手は練習をしない。努力をしないから、クイックで投げると自分のフォーム

が崩《くず》れてしまい、球速が落ちる。結局のところ、練習をするしかないのだ。プロ野球には、浅尾拓也《たくや》（元中日、現中日二軍投手コーチ）、平野佳寿《よしひさ》（元オリックスなど、現シアトル・マリナーズ）ほか、クイックで投げても150キロを超える速球を思いどおりに投げられる投手はたくさんいる。

もし私が投手だったら、無走者でもワインドアップモーションは一切《いっさい》しない。すべてセットポジションで投げる。ワインドアップで投げると、セットと2種類練習しなくてはならないからだ。

最初からセットだけにすれば、練習も効率がいい。そもそも、試合においてワインドアップで投げる機会など、全体の3割くらいのものだろう。さらに姑息《こそく》な手段だが、セットであれば、ランナーがいなくてもクイックで投げることができる。いきなりクイックで投げてはいけないというルールは存在しない。たとえ打者に文句を言われたとしても「ごちゃごちゃ言う前に打て！」と返せばいい。

記者の人にも、こう言うだろう。「文句を言うということは、私のことが苦手なんでしょうね。作戦どおりです。これからもクイックで投げます！」と。

これは打者としての目線からだが、実を言うと、突然クイックで投げられるのはいちばん打ちづらい。いつ始動するかわからず、タイミングをとれないことが多いのだ。例えば、足を大きく上げる打者は、クイックが素早い久保康友に対して、いつもと同じ自分のフォームで打つことは難しいだろう。足を上げる前に投げられてしまい、打つことができない。そうなると、「一本足打法」で挑《いど》むほかなくなる。和田一浩《かずひろ》さん（元西武、中日）も、久保と対戦するときは足を上げなかった。打者は本来のフォームで打てないと、必ず弊害《へいがい》が生じる。王貞治さん（元巨人、元巨人・福岡ソフトバンク監督。現福岡ソフトバンク会長）や和田さんのような踏み出す足を高々と上げる打者であれば、足を上げられない分、パワーが半減してホームランが減るだろう。相手打者にデメリットが生じるのだから、クイックを身につけて損はない。

だから、子どものころからクイックを身につけるべきだと思うが、今の少年野球で習得できている投手は少ないようだ。盗塁されて当たり前という現状が見られる。そこには、「まずはきちんとしたフォームを身につけさせたい」という指導者の方針があるかもしれないが、クイックを基本のフォームにしてしまえばいいことだ。先ほども述べたように、クイックで速い球を投げられる投手はたくさんいる。将来的なことを考えたら、クイックで強い球を投げることが当たり前の文化にしていくほうが得策ではないだろうか。

捕手の立場からしても、クイックがうまい投手は助かる。ランナーを気にしなくてすみ、打者に集中できる。

クイックモーションが素早い久保康友。盗塁を企図《きと》されることが少なく、捕手、チームを助けた。

だが、バッテリーを組んだ投手、とくに外国人の中には、クイックがへたな投手も多い。そのときは、投げても刺せないと思ったら、塁へ投げないことにしていた。そうすることによって、投手に「100%、お前の責任だぞ」とわからせることができたし、投げたとしても、明らかにセーフのタイミングで悪送球なんてしたときには、いらぬ責任を押しつけられてしまう。そんなリスクを背負わされるくらいならば、投げないほうがいい。

投手によっては、「俺《おれ》は盗塁されても気にしない。最終的に0点に抑えればいいんだから」という者もいたが、そういう場合は、「じゃあ、俺は二塁に投げないよ」と、直接言っていた。投手が努力しないにもかかわらず、捕手だけが真剣に取り組むなどバカバカしくて仕方がないし、明らかに矛盾《むじゅん》している。少し時代がズレたとして、私が仮にロッテで通算215勝を誇ったマサカリ投法の村田兆治さんとバッテリーを組んだとしても、同じことを言っただろう。たとえ大先輩の名投手であっても関係ない。ハッキリと言ったはずだ。

マウンド度胸もクソもない！　あるのは技術だけ

野球では、今も昔も、打たれた投手に対して、「気持ちが弱い」とか、「逃げている」「メンタルに問題がある」といった評価がされることがある。とくに、速い球を投げられるにもかかわらず、結果が残らない投手が、そう言われることが多い。

だが、投手の性格を結果の理由にするのは間違っていると思う。私に言わせれば、ただストライクを取る技術がないだけだ。

例えば、今、絶頂期とも言える巨人・坂本勇人に四球を出せば、「逃げている」と言われるだろう。しかし、同じチームで下位打線の小林誠司に四球を与えても、「逃げている」とはあまり言われない。打者が違うと表現が変わるだけで、結局はストライクを取ることができていないということに変わりはない。

「ビビって腕が縮む」という表現もあるが、それは自分の能力を信頼できていないだけで、性格の問題ではない。ただ、結果から逆算して物事を考える投手の中には、プレッシャーに押しつぶされてストライクが入らなくなることはあるだろう。勝敗という結果を考えすぎて、「勝たなきゃいけない。勝てなかったら、どうしよう」という感情にとらわれてしまうのだ。

ただ、私自身は逆算するのではなく、基本的に物事を積み立てていって考えるようにしているので、このタイプの心情は理解ができない。積み立てる考え方であれば、「こうしたら、こうなる」とか、「こうなれば、勝てる」「それができたら、勝つ」などといった思考にしかならない。できなかったら、できないだけ。だから、負けた。それだけだ。「どうしよう」とはならない。

私は2006年の第1回WBCにも出場したが、「優勝できなかったら、どうしよう」と考えたことはなかった。普段のペナントレースでも、「ここで打てなかったら、二軍に落とされるかもしれない。このチャンスを絶対につかみたい」と思った記憶もない。捕手としてサインを出すときも、明確な根拠を積み上げているので、「サインどおりに投げてくれれば、絶対に打たれない」と思ってサインを出している。投手の技術不足で、なにを投げてもストライクが入らないときには、「どうしよう」と思ったことはあるが、やる前から「どうしよう」となったことはない。そもそも、しっかりとした準備ができているなら、そのとおりにやればできるということを大前提として、私は動いている。もしできないのであれば、それはただの準備不足、練習不足、技術不足にほかならない。

さらに言えば、プレッシャーに襲われるということは、自分の欲求の高さをあらわしている。欲求が自分の能力と比べて高ければ高いほど、達成されなかったときのことを考えてしまい、不安や緊張が生まれるのだ。すぐ緊張する選手には、厳しい言い方だが、「能力もないくせに、結果を求めるな」と思ってしまう。もし結果がダメであれば、基本に立ち返って練習するしかない。単純な話だ。

一般の社会においても、同じことが言えるのではないだろうか。

第5章

捕手が認める「守備のうまい野手」の技

～内外野も考えて動け～

守備がうまい内野手の基準は2つ

続いて本章では、同様に捕手の視点から、内野手や外野手の守備について考える。私は、「守備がうまい野手」と言える基準は2点あると思っている。

①エラーをしない。

②守備範囲が広い。

以上、これだけだ。いや、冗談で言っているのではない。あくまで、捕手目線としては、この2つがあれば十分なのである。これがもし、各内野ポジションのエキスパートに聞くのであれば、打球に対する反応の良さや出足、ポジショニング、送球までを考えた捕球体勢の作り方、そして、肩の強さ、送球の正確さや瞬時の対応力など、技術論の話が数多く出てくるだろう。だが、どんな形であろうと、捕手が求める①と②を満たしてくれれば、野手としてなんの問題もない。

そういう考えのもとプレーしていた中で、最も衝撃を受けたのは、現在、千葉ロッテで二軍内野守備・走塁コーチを務めている小坂誠さん（元千葉ロッテ、巨人など）だった。とにかく、エラーをしない、守備範囲が広い。まさに、この2点が揃《そろ》っていた。

小坂さんと一緒にプレーしていた当時、私は一軍に上がったばかりのペーペーだった。だから、純粋にすごいと思った部分もあったかもしれない。

若手のころと現役の晩年では、見る目も変わってくる。年を重ねるにつれて、要求のレベルは上がっていくものだ。だから、もしかすると、自分の晩年に小坂さんの守備を生で見ていたら、また違った評価をしていた可能性はある。だが、それを差し引いても、やはり小坂さんの守備はすごかったと思う。

守備力について言えば、逆に言うと、この2点くらいしか評価基準がないということだ。派手なプレーをしようが、地味にプレーしようが、アウトにする数が多いなら、守備がうまいに決まっている。小坂さん以外の選手で、私が現役だったころに千葉ロッテのチーム内で印象に残っているのは、酒井忠晴《ただはる》さん（現東北楽天二軍守備・バントコーチ）や塀《へい》ちゃん（塀内久雄《へいうちひさお》／現マリーンズジュニア監督）だろうか。2人とも小坂さんほどの守備範囲の広さはなかったが、捕れる範囲の打球を正確にさばいてくれた。

そもそも、小坂さんだって、派手なプレーというよりは玄人《くろうと》好みの渋い守備が魅力だ。同時期の遊撃手で派手なプレースタイルと言えば、松井稼頭央《かずお》さん（元西武、ニューヨーク・メッツなど。現埼玉西武二軍監督）だった。

守備の評価が難しいのは、どうしても印象点が含まれてしまうところだ。現役選手で言

捕手目線のうまい野手の基準は、エラーをしなくて、守備範囲が広いこと。小坂誠さんは完璧《かんぺき》。

うと、広島の菊池涼介《りょうすけ》と、東京ヤクルトの山田哲人《てつと》、どちらの守備がうまいのか？　そう聞かれると困ってしまう。ほとんどの人は、「菊池」と答えるかもしれない。

ただし、もともと菊池は、「守備がうまい」という印象点が高い。そのため、メディアも、菊池がうまいことを前提としてクローズアップしている。また、パ・リーグであれば、シヨートを守る源田壮亮《げんだそうすけ》（埼玉西武）と今宮健太（福岡ソフトバンク）の2人も甲乙《こうおつ》つけがたいとされている。2018、19年は源田が評価されてゴールデングラブ賞を受賞。守備の名手として知られるようになったが、それ以前には、今宮が13年から17年まで5年連続でゴールデングラブ賞を受賞していた。18年、19年は、今宮が故障もあって出場機会を減らしたために源田が受賞したが、もし今宮が体調万全で試合に出続けていたら、この2年はどうなっていたかわからない——。

過去には高木豊さん（元横浜ベイスターズなど）が日本新記録のシーズン守備率（9割9分7厘）を打ち立てたにもかかわらず、ゴールデングラブ賞は正田耕三《しょうだこうぞう》さん（元広島）が受賞して、ちょっとした騒動になったこともある。また、19年においても、セ・リーグ遊撃手部門で巨人の坂本勇人が2年ぶり3度目となるゴールデングラブ賞を受賞したが、坂本の12失策に対して、京田陽太《きょうだようた》（中日）のほうが9失策と少なく、その評価に疑問符をつける人も少なくなかった。

記者投票によって決まるため、どうしてもチームの成績やイメージで票が集まってしまうケースはある。守備の評価は、それだけ難しいということだ。

内野守備に連係などいらない

2000年代の千葉ロッテは、内野の守備位置が流動的だった。三塁手こそハッさん（初芝清《はつしばきよし》）から今江敏晃《いまえとしあき》（16年に東北楽天に移籍。17～19年の登録名は年晶《としあき》。現東北楽天育成コーチ）と続くレギュラーの系譜があったが、近年の千葉ロッテでは、例えば鈴木大地《だいち》（20年から東北楽天）が年によって二塁、三塁、遊撃、ときには一塁も……という具合に動いていた。

それは、小坂さんにしても、西岡剛《つよし》（元千葉ロッテ、阪神など。現在はBCリーグの栃木ゴールデンブレーブスに在籍）にしてもそうだった。「そんなに、コロコロとポジションが動いて、連係は大丈夫なの？」と思った方も多かったことだろう。でも、ハッキリ言ってしまうと、連係なんて、さして必要ではなかった。

野球という競技はサッカーなどと違って、1つのところにボールが飛んだら、野手はどう動くべきか、という基本事項がポジションごとにキッチリと決まっている。

考えてみてほしい。例えば、ランナー一塁で三塁ゴロが飛んだら、三塁手はボールを捕る、二塁手は二塁ベースに入る、一塁手は一塁ベースに入る、捕手は一塁のバックアップに走る。これ以外の動きをすることは、まずない。監督が新しくなろうが、全員が初対面だろうが、それぞれのポジションを経験したことがある選手が揃《そろ》えば、今すぐ試合ができてしまう。強《し》いて言えば、動きが最も遅い選手にリズムを合わせるぐらいだろう。

だから、日本代表のときはすごくラクだった。代表に選ばれるほどのメンバーだから、こっちがマックスで動けば、周囲もマックスで動いてくれる。「あー、遅い」と、イライラさせられることがなかった。サインプレーやシフトなどは、細かいところが各所属チームごとに微妙に異なることがあるので、そこだけ打ち合わせして取り決めてしまえば、あとは簡単にできてしまう。当然と言えば当然かもしれないが、その程度のことだ。

プロのレベルになれば、試合中に「おーい、どこ行ってんねん！　こっちやぞ！」となることや、「あれ!?　ボールが飛んだほうに誰もいねえ！」ということは滅多《めった》にない。あるとすれば、投手がベースカバーやバックアップすべき場所を間違えたり、忘れていたりして、フラフラしているときくらいだ。

それは、ポジショニングについても同様だ。走者やアウトカウントの状況により、前進守備や後退、ダブルプレー狙《ねら》いなどのシフトを敷くときは、すべてベンチからサインが出る。ひと昔前のプロ野球であれば、個人の裁量で相手打者の打球傾向を読んで大胆に守備位置を変更することもあったという。

だが、現代では、細かい守備位置の司令も捕手やベンチから指示が出ており、それに従って動いている。つまり、野手が自分で考えて、極端なポジショニングをとるということは、ほとんどないのだ。

私が現役時代、ときおり変なところに守っている選手がいて、「寄れ！」と指示を出すと、ベンチを指差していることがあった。それはつまり、「ベンチから指示が出て、この位置にいるんだよ」という意味だ。それでも私は、「関係ねえよ、いいから寄れ！」と、再度、その選手に指示して動かしたりしていた。

このあたりは、チームによって違うかもしれない。だが、ボビー・バレンタインが監督のときは、私の指示を優先させても怒られることはなかった。そもそも、野手が勝手に考えて動いたところで、バッテリーの配球の意図と違っていれば意味がない。自由に動ける裁量は、実際のところ、せいぜい1～2歩くらいだろう。もちろん、こちらの意図を察して、一塁線や三遊間などを的確に締めてくれる選手はありがたかったが、ぼやっとしている選手がいれば、こちらから指示するまでだ。

ポジショニングがズバリ当たって、通常ならヒットになる打球がアウトになるというケースは、ほとんどがこうしたチーム単位でシフトが敷かれたときと思っていい。それも、1

試合に1回あるかないかのことだ。

だから、個人の守備力としてポジショニングの良し悪《あ》しを評価するのは難しい。その野手の手柄かどうかは、外からは見分けがつかない。

ただし、二塁手、遊撃手は捕手のサインが見えるという利点がある。バッテリーの意図を感じて動ける位置にいるのだから、プロならそれを読んで、なおかつ、相手打者に配球が読まれない程度にさり気なく動いたり、体重をかけたりして、わずかでも出足を良くしようと努力している部分はあるだろう。そして、配球のサインを察して、外野手に指示を出して貢献している場合もある。

だが、捕手の私からすれば、それらはプロなら当然の仕事だと思っている。そして、ハッキリと言ってしまえば、このあたりのことは捕手のテリトリーではないのだ。守備コーチと野手陣がすべきことだ。試合前のミーティングでは、打撃における相手投手の傾向と、捕手として相手打者の傾向をチェックすることに終始しているため、特別に守備位置のミーティングが行われるということは、私の経験ではなかった。捕手はそこまで野手と綿密に打ち合わせをしているほど暇《ひま》ではない。守備コーチと各内野手がどこまで打球傾向についてチェックしていたかは、今となっては正直わからないが、「ちゃんとやっていますよね？」と信じるしかなかった。

理論派でも感覚派でも、アウトにしてくれればそれでいい

プロの選手には、「いや、そんな小難しいこと考えなくても、打ち方とかバットの角度とか見れば、どっちに飛んでくるかわかるだろ」なんていう感覚派もいた。なにも考えていなくても、「一歩目を速くすりゃいいのよ」と感性や身体能力だけでアウトにしてしまう選手も実際いるのだ。

そういった選手の頭の中や、反射神経などは実体としては見えないから、そこを評価するのは難しい。結果的にアウトにしてくれるなら、一概《いちがい》にダメとも言いきれない。だから、私は感覚派を否定する気はまったくない。偶然やまぐれであっても、それをもし永遠に続けられるのなら、もう「うまい選手」である。バッティングでも同じ。配球を考えなくても打てるのなら、考えなくていい。

つまり「感性でできないやつは、考えないといけないでしょ?」という話だ。捕手としては、アウトにしてくれればそれで十分なのである。肩も強いに越したことはないが、モーションを素早くすればカバーできる。送球のスピードだけで0・1秒縮められるように球速をアップさせることは簡単ではないが、捕ってから素早く投げることで0・1秒稼《かせ》ぐ

のは、練習すれば、ある程度可能だ。いや、むしろ簡単と言ってもいいだろう。

だから、肩が弱くてもアウトが取れれば問題はない。今のプロ野球界を見渡しても肩が強くない内野手は腐るほどいる。例えば、宮﨑敏郎《みやざきとしろう》（横浜ＤｅＮＡ）や、前述の鈴木大地などがそうだ。

彼らは、人が見て目を丸くするような強肩など持ち合わせてはいない。では、そういった選手がなぜレギュラーとして守れているのかというと、素早いモーションや、コントロールが良くて送球が安定しているからだ。

こうした守備の評価は、外野手についても基本的に同じ。私が千葉ロッテでプレーしていたころだと、サブロー（大村三郎／巨人にも在籍。現東北楽天ファームディレクター）や岡ちゃん（岡田幸文《よしふみ》／現在はＢＣリーグの栃木ゴールデンブレーブス外野守備走塁コーチ）の好守が思い浮かぶ。

逆に荻野貴司《おぎのたかし》は、直線を走るスピードは速かったが、大学時代までは内野手で、社会人のトヨタ自動車時代から外野手に転向した選手。経験が浅いせいか、私が一緒にプレーしていたころは、まだスピードを「①エラーをしない」「②守備範囲が広い」という結果に反映できていなかった。

外野手については、この2点のほかに、捕手の立場から言わせてもらえば、正確な送球でバックホームできれば、なお良しである。送球においても、派手なプレーか玄人《くろうと》好みのプレーかということは関係ない。アウトにしてくれれば十分だ。

横浜と千葉ロッテでプレーした南竜介《みなみりゅうすけ》は地肩《じがた》の強い選手として熱心なファンには知られていたようだが、アウトにできる正確性があったかどうかは、また別である。それでも、「抑止力になるのでは？」と思う人がいるかもしれないが、相手チームの走塁コーチもしっかりと研究して見極めている場合が多いので、実際のところは微妙だったのではないだろうか。

ただ、外野手が内野手と違う点としては、守備率や補殺、刺殺などの指標が内野手よりも本来の能力に近い形であらわれてくるということがある。それでも、好みが優先されてしまうことはあるが、ある程度、数字で判断することは可能だろう。

バントのチャージは、しっかりやらないと意味がない

話を内野守備に戻すと、バントシフトは1つの見どころだと思う。実際のところ、サインは大きく分けて3種類ある。

①一塁手か三塁手、あるいは両方が投球の直前からホームベースに向かってチャージするもの、②投球せずに牽制球《けんせいきゅう》を入れるもの、③チャージするふりだけして途中で戻り、ヒ

ッティングへの切り替えを警戒するものの3つだ。

バントシフトのサインはすべてベンチから出るが、一塁手や三塁手が状況を見て、独断でチャージをかける場合もある。それが良い結果のときあれば、裏目に出ることもあるので、判断は難しい。

「チャージせよ」のサインが出たときは、野手が怯《ひる》まずしっかりチャージしなくてはいけない。チャージしていながら、バントの勢いをうまく殺され、結局は走者を進めさせてしまったら、なんの意味もなかったということになる。それはチャージとは言えないだろう。テレビ中継のセンターカメラからの画面に、投球後、映り込むくらいがっつりチャージをかけて、初めて効果があるのだ。

そもそも「シフト」というのは、リスクを承知のうえで敢行し、試合の流れを大きく変えるような劇的な効果を引き出したいときのプレーである。中途半端にやるくらいなら、やらないほうがマシというケースも往々にしてある。

だからといって、初回から猛チャージをかけていたら目を疑うし、実際、そんなシーンは見たこともない。そもそも、DH（指名打者）制度のパ・リーグでは、「ほぼ確実にバントだ」と判断できるシーン、それも終盤の重要なときでないと、大胆なチャージは仕掛けない。セ・リーグの場合は、投手の打席があるので、バントと決めつけてチャージする機会は増えるが、守備側のリスクマネジメント能力が試されるプレーとも言える。

猛チャージをかけたときに、もし、ヒッティングに切り替えられて、あいだを抜かれたら、そのあとのリカバリーが果たしてできるのか？　そのあたりまで、ベンチは考える必要があるのだ。

相手のベンチや打者だってバカではないから、チャージを仕掛けたときには、臨機応変《りんきおうへん》に裏をかいてくる可能性もある。大きなダメージを避けたい状況であれば、チャージを緩《ゆる》めて送りバントをさせてしまい、アウト1つを確実に取っておく戦術だってありだ。

一方、打者側に視点を移してみると、私は10年シーズンに1回ミスをして以降、バントを失敗していない。それは、私がバントを数多くする選手ではなく、相手ベンチが常にヒッティングの可能性を消せなかったというのも一因としてあるだろう。ノーアウト一塁という場面でも、「100％、バントだ」と思われるようなシーンではないから、チャージも緩い。だから、成功するであろう方向に転がせばいいだけだった。

同じことはセーフティーバントのときにも言えた。打者は警戒されていれば狙《ねら》わないし、警戒が緩んでいると狙う。それだけのことである。

だからこそ、守備する側については、最終的に野手の嗅覚《きゅうかく》が試される。セーフティーバントがありそうなときは、事前にベンチや捕手から警戒するよう指示が出ているケースが

捕手的視点のバントシフト（無死または一死一塁のケース）

☆ファースト、サードがチャージ

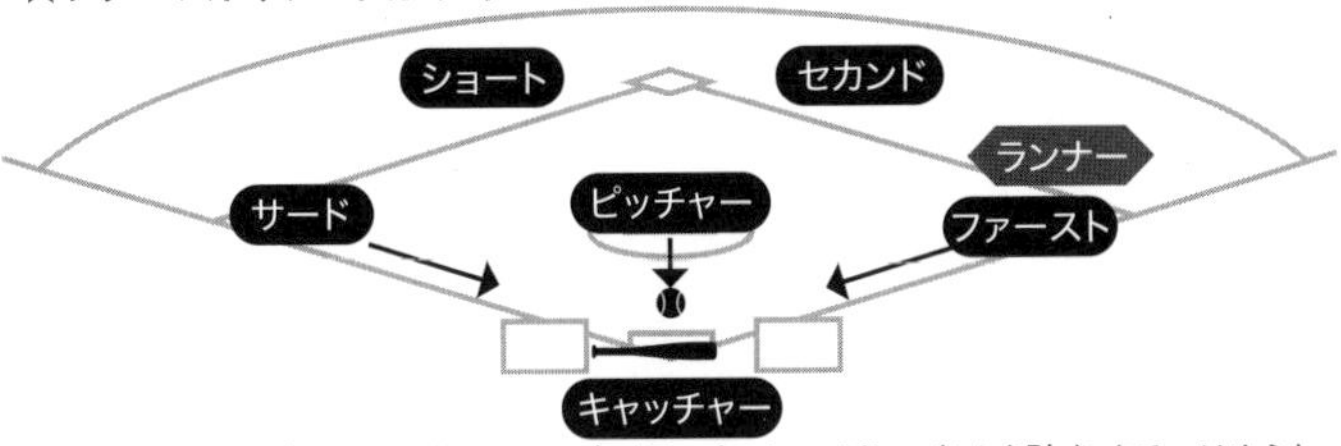

ファーストとサード（あるいはどちらかのみ）が目一杯チャージし、バントを防ぐ、あるいはやられたとしても二塁でランナーを刺すためのシフト。ヒッティングに切り替えられると、守備側が苦しくなる。捕手的視点で、バッターの目線やアクションなどから意図を感じ取ることも必要だ。

☆投球せずに牽制《けんせい》

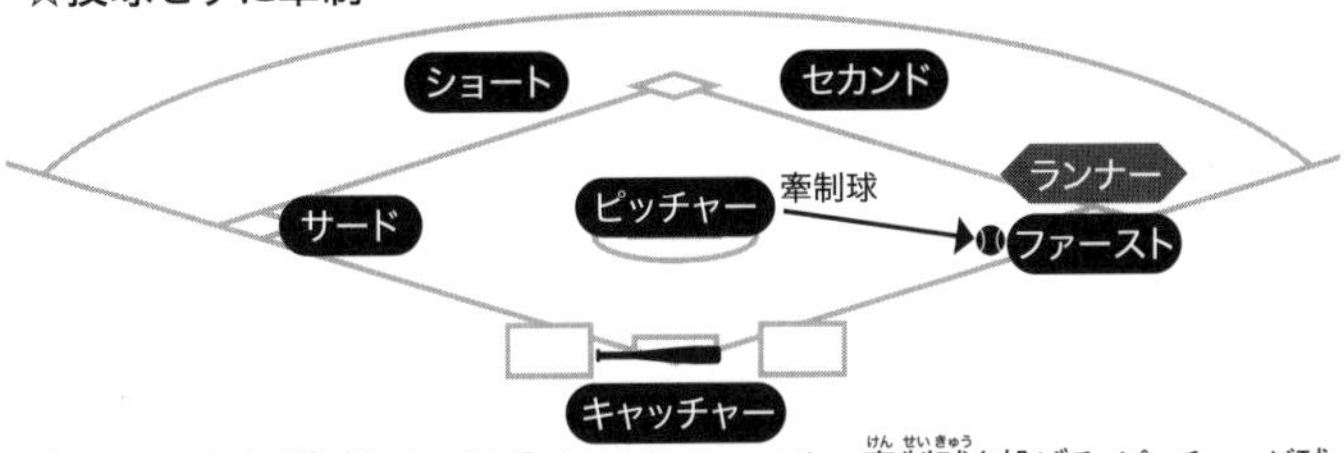

バッターのバントを警戒していると見せかけて、ファーストへ牽制球《けんせいきゅう》を投げる。ピッチャーが球を持っている時間に変化をつけたり、牽制のモーションをアレンジしたりすることで、大きなリードを防ぐ効果もある。捕手や野手も協力して、守備陣全体でランナーの動きを封じたい。

☆ファースト、サードがチャージするふりだけ

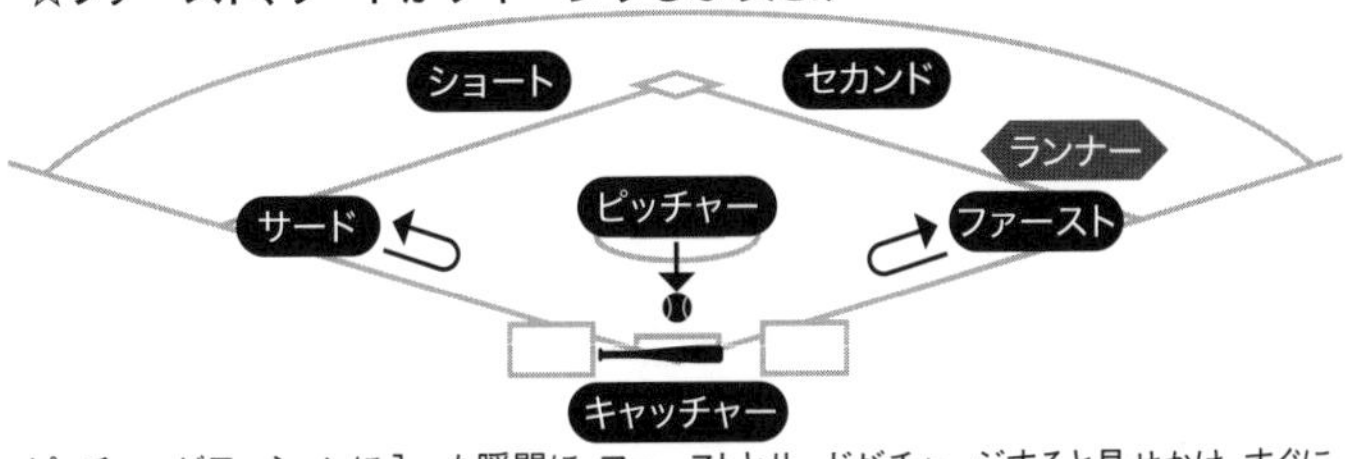

ピッチャーがモーションに入った瞬間に、ファーストとサードがチャージすると見せかけ、すぐに守備位置に戻るフェイクプレー。バントシフトに対抗してヒッティングに切り替えてくる作戦を警戒したもの。もし、バントをしてきたら、ピッチャーが処理して、無理せずに一塁でアウトを取る。

多いが、どの程度前に出るかのさじ加減は野手任せとなる。警戒を強めて最初から前で守ったり、見切り発車でチャージしたりするなどして、もし、横を抜かれてしまえば、「こんなところでセーフティーなんかしてくるわけないだろ！」と怒られる。

一方、後ろに守っていて決められてしまったら、「なんで警戒していないんだ！」と怒られる。判断が悪いと、いずれもバッドな結果になってしまう。

ただし、バントをしようとしている選手は、よく観察していれば、必ずどこかにその兆《ちょう》候《こう》が出ている。あとからテレビ中継の画面で見るとよくわかるが、チラチラと守備位置を確認していることが多いのだ。こうした兆候を、捕手的思考や視野の広さをまじえて察知し、良きタイミングで動くことができる選手が、きっと「守備がうまい選手」と言えるのだろう。

ただ、ナイスプレーになったとしても、それはサインによるものなのか、あるいは野手の独断なのかは、当人たちにしかわからない。だから、野手の守備力を判断する材料としては、信憑性《しんぴょうせい》に乏《とぼ》しいところがあることを覚えておいたほうがいいだろう。年に一度か二度起きるかどうかの見事なチャージで先の塁を刺すことよりも、トータルで考え、アウトを確実に取るようなリスクマネジメントのうまいチームや選手のほうが、「勝てる」守備をしていると考えるべきだ。

打者目線で記憶に残っている相手野手は、やはり強いチームの選手

捕手については、何度も「強いチームの捕手が名捕手」と述べてきたが、野手についてはどうだろうか。野手については、「勝ったチームの野手が絶対的にいい野手」とは言いきれない部分がある。優勝したチームのスタメンだったとしても、打率2割台前半でエラーも多ければ、誰の目にもわかること。いい選手と評価することはできないだろう。

内野に関しては、守備の重要度はかなり高い。一軍の選手となれば、ある程度の水準以上の守備力があるのは当然の世界だ。よほど、規格外に打たない限り、守備がへたにもかかわらず一軍に居続けられる選手というのは、皆無《かいむ》に近い。

そこで基準になるのも、捕手の目線で言えば、先ほども紹介した「守備範囲が広くて、エラーをしない」に帰着する。

ところが、これが打者の目線で考えると、少し話が違ってくる。というのは、敵チームで守備がうまかった選手を聞かれると、印象に残っているのは、やはり強いチームにいた選手であることが多いからだ。例えば、福岡ダイエー、福岡ソフトバンクで活躍していたムネリンこと川崎宗則《かわさきむねのり》（19年は、台湾・味全《ウェイチュアン》ドラゴンズに選手兼任客員コーチとして在籍）、

埼玉西武が強かったときのナカジこと中島裕之《なかじまひろゆき》（現所属の巨人における登録名は、宏之《ひろゆき》）、それに、金子誠さん（元北海道日本ハム。現北海道日本ハム野手総合コーチ、「侍ジャパン」ヘッドコーチ）にしても、チームが優勝したときに守備が評価されている印象だ。

実際のところ、ナカジとムネリンを比べたら、どちらがうまかっただろうか……？ 印象としてはムネリンのような気がしないでもないが、明確な根拠はない。実際に打席に立っていた私ですら、この程度の記憶である。

もっと言ってしまえば、弱かったチームの守備なんて、忘却《ぼうきゃく》の彼方《かなた》だ。

「近鉄、オリックス、楽天のショートって誰だったっけ？」

大変失礼ではあるが、実際のところ、本音はそんな感じだった。

あくまで捕手目線で考えた場合、自軍の投手や相手打者への対策がメインであり、相手守備陣のデータについては、細かなインプットとアップデートにまで頭が回らなかったというのが実情だった。

逆に考えれば、そこまで知る必要性はないということ。それよりも、やはりバッテリーを組む投手と、対戦する相手打者のデータ、また、打者として相手バッテリーの配球のデータを落ち度なく頭に叩《たた》き込むほうが捕手として優先なのは、誰の目にも明らかだ。

第6章

捕手目線も活用！「打撃＆走塁・盗塁術」

～攻撃に生かして勝つ～

遠くに飛ばせるフォームがいいフォーム

本書も後半戦に入っていく。これまでは守備について、まずは捕手。そして投手、野手と細かく分け、自分の視点を絡《から》めながら解説してきたが、いよいよ攻撃について述べる。打者としてもプロ通算８９０安打、１０８本塁打を放った私・里崎は、どのような考えで打席に入っていたのか。そして、捕手的視点や思考をどう生かしたのか。そのメソッドを明かしたい。

野球教室に呼ばれたとき、私は少年少女にこんな質問をしている。

「バッティングで最高の結果はなんですか？」

もちろん、子どもたちは「ホームラン」と答える。「投手の足元を抜けるセンター返し！」と答える子どもはいない。つまり、子どもたちも言っているように、ホームランを打ったときのフォームがベストスイングというのが、私の持論だ。ポイント、力の入れ方、下半身の使い方、バットの軌道、すべてが最適だったからホームランという結果が導ける。いいバッティングフォームとは、ざっくり言うと、「飛ばせるフォーム」である。

「では、ホームランを打つにはどうすればいいですか？」

そう聞かれたときの回答もシンプルだ。

「ホームランを打てるようになるまで、練習するしかない」

実際、それだけのことである。普段の練習からホームランになるような打球の角度で打てるように意識したり、スイングスピードを高めるため、それなりに重いバットを使ったりする必要もあるだろう。ハッキリ言えるのは、上から叩《たた》きつけるようなスイングをしていては、ホームランは永遠に打てないということくらいだ。

試合でホームランを打つということになると、さらにハードルは上がる。少なくとも、打撃投手やマシンを相手に打つときは、ちゃんとした球が来ればいつでもホームランにできますよ、というスイングでないと、実戦でホームランは打てないだろう。打席では相手投手が「打たせないぞ!」と厳しいところへ投げてくるのだから、必ずしもフルスイングできるとは限らない。ヒットという良い結果を出す目的に合わせた打撃をしなければならない現実はあるが、それでもやはり、いちばんいいバッティングフォームはホームランが基本だ。

私の経験では、単純にパワーアップが打撃能力の向上に直結した。高校に入学したころは、ベンチプレスで50キロの重《おも》りを1回しか上げられなかったが、真剣にトレーニングをしていくうちに、3年になると80キロを2~3回上げられるようになり、大学では100キロ、プロでは120~130キロを上げられるようになった。パワー=出力なので、筋力は打撃の根本的なところだと思う。筋力がつくとともに、打球の飛距離も比例して伸びていった。

継続は力なり。体の柔軟性も同じだ。見た目からは想像できないかもしれないが、私は現在でも開脚して頭を地面につけることができる。筋力は個人差があるので一概《いちがい》には言えないものの、柔軟性は、やれば必ず身につく。私だって高校入学時は開脚してヒジを地面につけることすらできなかったが、その後、できるようになった。

プロ野球選手に限らず、よく「体、固いんですよ～」という人がいるが、私に言わせれば、柔軟性を増す体操やトレーニングを、毎日本気でやっていないだけのこと。やらなければ、いつまでも固いままに決まっている。

話をスイングに戻そう。「ホームランになるスイングが最高」というけれど、プロ野球にはコツコツ当てるスイングの選手もいるじゃないか、と思う人もいるだろう。確かにそういう選手はいる。パッと思い浮かぶのは、中日、巨人で活躍された井端弘和《いばたひろかず》さん（現「侍ジャパン」内野守備・走塁コーチ）や、中日・京田陽太、埼玉西武・源田壮亮あたり。しかし、「彼らはホームランを打てないんですか？」と聞かれれば、何本かはホームランを打っている。ホームランを打てる最大出力は持っているのだ。

典型的な例は、イチローさん（元オリックス・ブルーウェーブ、シアトル・マリナーズなど）だろう。見たことがある人ならご存じだと思うが、打撃練習では軽くスタンドに放《ほう》り込むし、打率が落ちてもいいのならシーズン40本は打てると言っていた。素地があってこそのヒット狙《ねら》いなのだ。その中でアベレージヒッターは、三振が少ない、選球眼がいい、反対側にも打てるなど、様々なことを要求される。最大出力でもヒットしか打てない選手が、これらの要求を満たすのはかなり厳しい。条件さえ揃《そろ》えばホームランは打てるけれど、あえて狙っていない。そんな状態でないと、プロの世界では打撃で生き残ることはできない。

そして、コツコツ当てるスイングばかりしていると、知らないうちに最大出力が下がってしまう。これは自分自身も経験がある。ヒットが欲しくなって、当てにいくスイングを続けているうちに、打球が弱まって飛ばなくなった時期があった。

基本の意識は、「反対方向へのホームラン」

右打者の私は、打撃練習の時間を、ライトにホームランを打つことに費やしていた。打撃投手に外角寄りに投げてもらい、ライトに打ち返す。反対方向にホームランを打つのが理想的だからだ。そこをベースに実戦では1球ごとに細かく対応して、結果的に単打や二塁打になっていたというのが現実である。逆に言うと、打撃練習のときは、レフトにホームランを打つことはそれほど難しいことではなかった。誰にでもできるとまでは言わないが、私の体格とフィジカルがあれば、普通にできたことだ。打撃練習のときに、なにも制約することなく気持ち良く飛ばすというのは、自分のスイングが縮こまっているときには、ときとして有効な場合もあるが、それだけやって喜んでいては意味がない。私はこれを自己満足《オナニー》バッティングと呼んでいる。

結局のところ、フォームばかりこだわっても仕方がない。私の場合は「反対方向へのホームラン」から逆算して考えていた。反対方向へ強い打球を打つのは、ある程度調子が良くないと難しい。もし打てないのだったら、どこかが乱れていることを示している。そうたどっていけば、自然とフォームのバロメーターにもなるわけだ。

思い返せば、金森栄治《かなもりえいじ》（1985〜92年の登録名は永時《えいじ》）コーチ（元西武・阪神・ヤクルト、現東北楽天打撃コーチ）の打撃理論は理にかなっていた。金森さんは、ヒジをおなかにつけたまま滑らせるように小さく小さくスイングする練習をさせていた。これだけを傍《はた》から見ていると、「そんな小さいスイングじゃ、通用しないよ」と勘違いされてしまうのだが、真意は違う。ボールに強い力を与えるためには、投手寄りの前のほうではなく、できるだけ体の近くでインパクトしたほうがいいということだ。

野球界には「前で打つほうが飛ぶ」という人もいるが、それは加速力でパワーを補っているから飛ぶだけのこと。勢いをつけなくてはいけない分、投球を手元まで引きつけられないので、とらえる確率は急落してしまう。

だから、理想は「大きく→小さく→大きく」という、いわゆるインサイドアウトで振るということになる。テイクバックを「大きく」、体の前をバットが通るときは「小さく」、フォロースルーは「大きく」、という意味だ。ただ、実際にはインパクトの瞬間の「小さく」が難しい。そのため、金森さんは練習で「小さく→小さく→小さく」とスイングさせているに過ぎない。

この練習で強く振れるようになるには、「小さく」でもパワーを出せる筋力が必要となり、振ることでその筋力も自然と身につくようになる。パワーもそれなりにあり、反対方向へのホームランをベースにしていた私には、納得のいく理論の1つだった。

そのほかに、私は右打者にとっては軸足となる右足への体重の乗せ方も重視していたが、これは筋力の代用策。本当は無駄な動きがないノーステップ打法こそが、ボールコンタクトを考えたら理想である。メジャーリーガーでこの打法を採用している選手が多いのは、彼らにパワーがあるからだ。

多くの日本人はそこまでのパワーがないので、全身を使って出力を伸ばすしかない。そのために、一度、軸足に乗せてから踏み出し、足に体重移動をすることで、スイングスピードがより速くなるようにしていた。

インサイドアウトのバット軌道

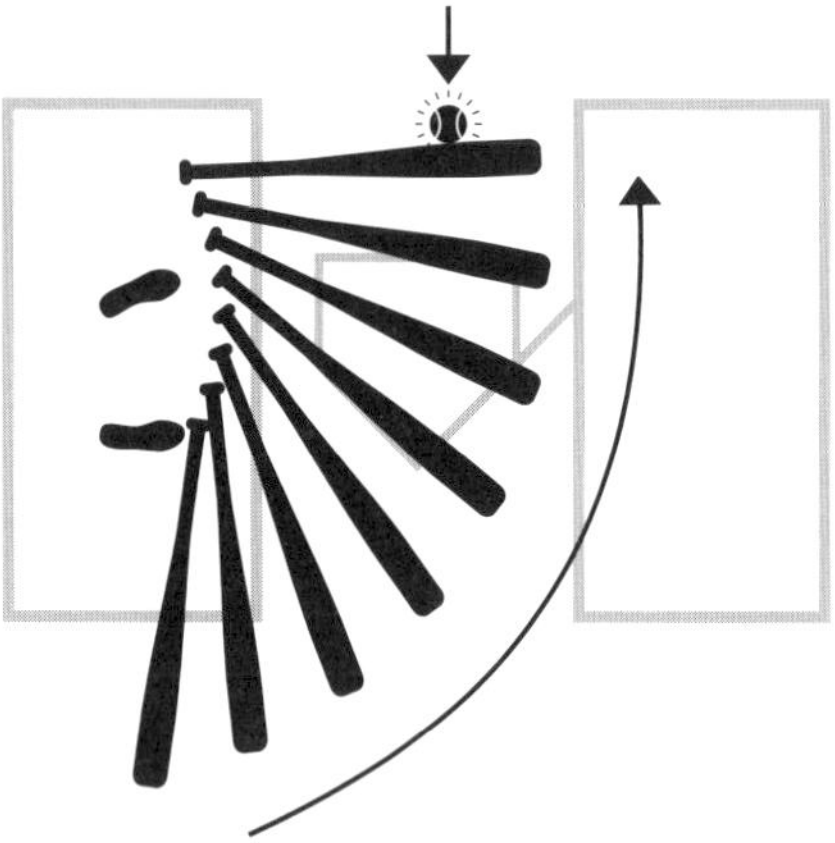

インサイドアウト

グリップエンドの底面をマウンドのほうに向け、引き手（右打者の場合は左手）主導で、体に巻きつけるようにして振り出す。それによって、バットが体の近く（インサイド）を通り、フォロースルーへ向けて自然と大きな軌道になり、体から離れていく（アウト）。腕から体幹のパワーがバットにしっかりと伝わり、力強いスイングとなるのだ。

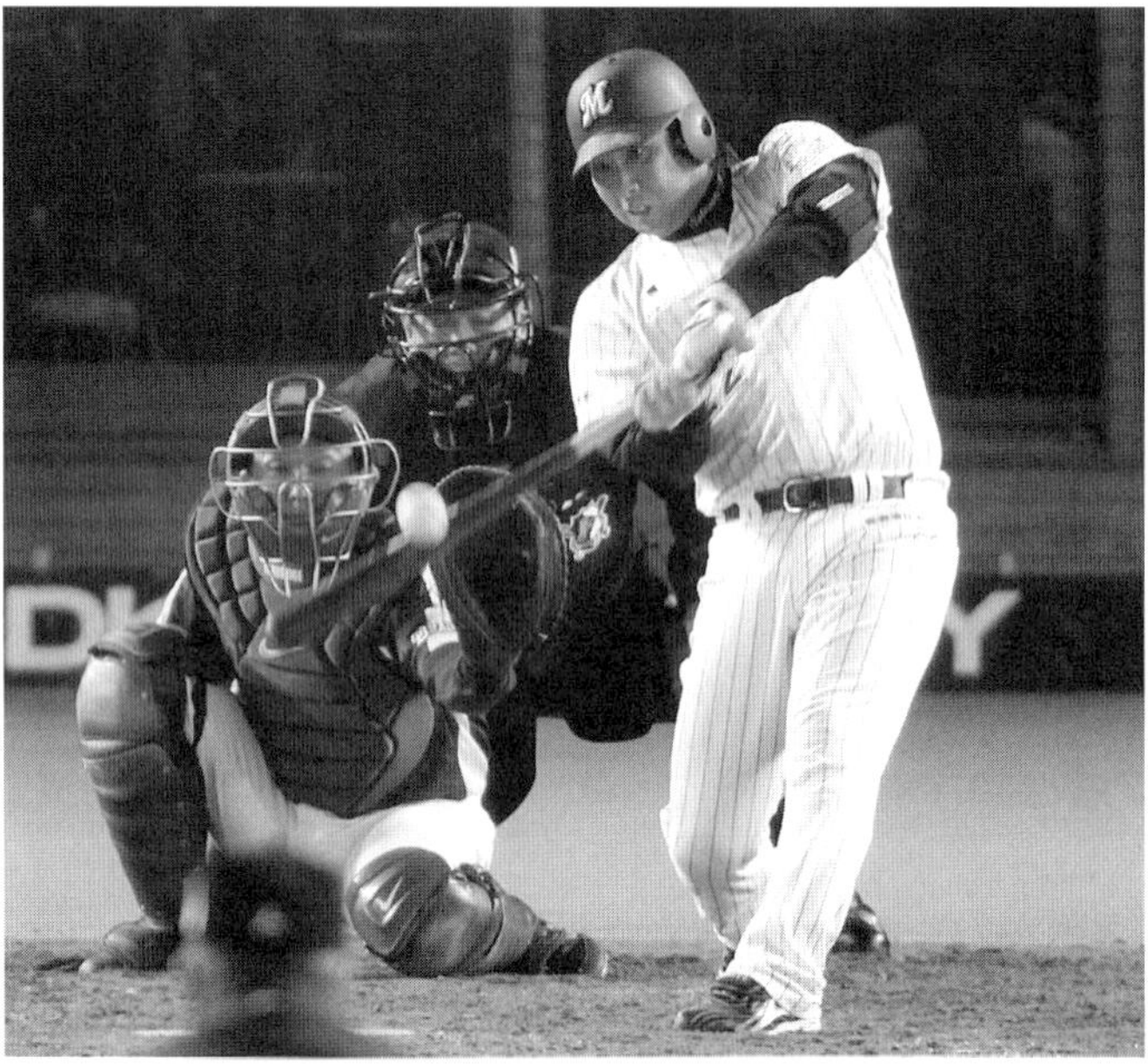

引き手（右打者なら左手）でリードしつつ、インサイドアウトの軌道でバットを出していく著者。

肩を揺《ゆ》らしていたのは、「動から動」でタイミングをはかっていたから

自分自身のフォームも振り返ってみたい。私はオープンスタンスで構えて、肩を細かく揺《ゆ》らしながらタイミングをとる独特なフォームだったので、ファン感謝デーなどでよくマネされたものだが、最初からオープンスタンスだったわけではない。プロに入るまではスクエアで、多村仁志《たむらひとし》（元横浜、福岡ソフトバンクなど）のように「気をつけ」に近い狭いスタンスだった。オープンスタンスにした理由は、1つはボールが見やすいから。もう1つは体が大きくなるにつれて、「気をつけ」の姿勢が窮屈《きゅうくつ》になっただけに過ぎない。

そして、肩を揺らしていたのは、「静から動」ではなく「動から動」でタイミングをとりたかったからだ。また、腕を高々と上げていたのは、ユニフォームの肩口がキツかったので、袖《そで》をまくり、可動域《かどういき》を増やそうとしていた。キツくてもダボッとしたユニフォームは着たくなかったのだ。胸の前あたりにセットしていたグリップも、より始動しやすいという理由で、あの位置だった。

フォームに関わるところで言えば、私はデッドボールに対する恐怖心をいだいたことはなかった。それは、内角を無理に引っ張りにいくバッターではなかったからだ。引っ張り

の意識が強いバッターだと、内角に反応して早くから振り始めてしまい、よけきれずに右の手首などに当ててしまう人が少なくない。そうなると、内角の厳しいコースに対してデッドボールへの恐怖心をいだいてしまうことがあるが、私の場合、それは絶対になかったので、怖《こわ》いと感じたことは一度もなかった。

57ページでも述べたように、とくにダルビッシュ有など超一流の投手が相手のときは、「第1打席で当ててくれへんかなぁ〜」とすら思っていた。当てられたら相手捕手に、「次、当てたら（お前の打席のときにも同じような球が）行くからな」とかボソッと言って、雰囲気を出していく。でも、内心はほくそ笑んでいた。これで、次の打席からは内角が要求しづらくなるので、思いっきり踏み込んで打つ。デッドボールは大歓迎だ。

逆に、捕手の目線で考えても、「内角にビビッてる」と感じる相手打者はいなかった。引っ張るバッターであろうがなかろうが、プロはそんなことを言っていられない。もし、恐怖を感じている選手がいたとしても、そんな選手は結果が出せず、すぐに消えていく。自然淘汰《とうた》されていくので、記憶にも残らないのだろう。

私は、自打球に苦しむこともほとんどなかった。練習も含め、自打球が当たるのは年数回程度。強《し》いて言えば、左投手のヒザ元に食い込むスライダーでやってしまうくらいだが、「いてぇ！」ともんどり打って倒れるほどの自打球はそれほどなかった。引っ張りの意識がなかったからだ。反対方向へ打つ意識を維持してナチュラルに振っていれば、結果的にセンターより左方向への打球になったとしても、せいぜい左中間くらいまでにしかならない。あるとすれば、どうしても引っ張らないといけないボールが来たときにポール際を狙うようなシーンでのミスショットだ。だから、リスト（手首）をしっかり返して巻き込むようなフルスイングでの打球になることはなく、痛みを感じる自打球そのものが少なかったのだと思う。そのため、インコースに対する自打球への恐怖心もまったくなかった。

投手ではなく、捕手の配球を読む

私の場合、バッティングでプロに入ってから大きく変わった点は、体力面や技術面よりも配球の知識だった。

「待ち方」は、大きく2種類ある。ストレートを待ちながら来た球に対応するか、特定の球種にヤマを張って打つか。この2つの両極端な待ち方のうち、どちらを選択するかというところに尽きる。当然、どちらもリスクが伴《ともな》う。ストレートを待って変化球も打てるに越したことはないが、対応できないのであれば、意味はない。逆に、ヤマを張って外れたら、これも打てない。むろん、ヤマが当たってても仕留めきれない場合もあるのだが……。いずれにせよ、どちらを取るべきかは相手投手の力量や状況によって判断していくことになる。「この投手だったら、なにが来ても打てる」と思えるときはラクだ。そのときは、無条件でストレートを待って、臨機応変《りんきおうへん》に対応していけばいい。

一方、特定の球種にヤマを張る場合は、配球を読む必要がある。そのときは、①ストレートに合わせる、②球種、③コース、④打球方向の4つから、状況と相手とのパワーバランスによって判断する。これが「配球を読む」ということだ。

読む相手は、投手ではない。捕手だ。なぜなら、日本のプロ野球の場合、ほぼほぼ捕手主導でサインを出しているからである。そのため、捕手が違えば、同じ投手でも配球は変わってくる。サイン交換のときに、投手が首を振らないときは、完全に捕手の思考だ。投手の思考は、基本的に考えなくてもいい。状況や相手バッテリーの調子、自分の調子を加味して、読みの配分を決める。10：0でヤマを張るシーンもあれば、2つのケースを想定して、7：3、5：5など、配分させるときもある。

プロでは、配球を読むための参考資料として、スコアラーに頼んで配球のデータをもらっていた。私はそれを全体の傾向を把握するために活用はしていたが、常に相手が、「対・里崎専用」の配球になる点については注意していた。というのも、ときには全体の傾向とは乖離《かいり》した独特の攻め方をしてくる場合もあるからだ。ならば、「対・里崎」に特化したデータを調べないといけないが、そのくらいはすべて頭の中に入っている。別にノートにとるようなことはしていなかった。「覚えていて当然」というのが私の考えだ。

直近の投球を分析した配球の変化についても、同じことが言える。「この投手は、最近、変化球の割合が50％から65％に増えた」というデータがあっても、「いや、俺《おれ》のとき、内角のストレートしか来ないじゃん」なんてこともありえる。だから、参考にはするが、経験以外の読みを信用しすぎてはいけない。相手投手の近況の判断材料にする程度だ。

そして、初対戦の投手は基本的に出たとこ勝負でいくしかない。もちろん、事前にデータはくれるし、確認はする。だが、例えば「スライダー」1つをとっても、変化の仕方や体感球速などは千差万別《せんさばんべつ》のため、事前情報だけではどんなボールなのかわからない。映像を見られたとしても、実際に打席に立ってみないと読みの材料は生まれてこないものなので、いちおう、目を通しながらも、実際にはさらっと見ている程度だった。

どうしてもタイミングが合わない投手は存在する

バッティングというのは、突き詰めればタイミングである。打つのが苦手な投手というのは、タイミングが合わせられない投手ということと同義だ。始動を早めると早すぎて体が前に出され、遅めにしてみると詰まらされる。工夫をしても、どうしても合わないから、必然的に結果も悪くなる。

逆に得意な投手は、深く考えなくてもタイミングがとりやすい。というか、とれてしまう。だから、客観的な数値などでどれだけ速い球を投げていたとしても、打者にとってタイミングが合っていれば、それは遅い球と変わりはない。

しょせん、バッティングはタイミング――。もちろん、そんなことは百も承知なのだが、わかっていても難しい。だから、人が教えられるのは、せいぜい全体の半分程度まで。形や練習方法は教えられても、タイミングの部分は自分の感覚でつかむしかない。実際、相手投手によってタイミングのとり方は十人十色《じゅうにんといろ》だし、打者自身のフォームにも関係する。だから、タイミングの本質部分は、教わったり教えたりはできない。

結局のところ、飛ばすことはある程度身についている打者がほとんど。そんなプロ野球の世界で結果を残せる選手は、タイミングのとり方がうまいということだ。加えて、理想的なタイミングを外されたとしても、崩《くず》れない間合いやボディバランスを駆使して対応する能力も必要になる。左バッターにそういう選手が多いのは、一塁方向に体を逃がしながら対応できるからだろう。逆にそれができる右バッターは少ないので、その技術を持ち合わせている右打ちの選手は、とくに貴重な戦力となる。

足が遅くても、グリーンライトが走塁や盗塁を考えるきっかけに

この章の最後に、打撃と連動した攻撃面ということで、走塁・盗塁などについても述べておこう。ちなみに、私の盗塁数は、通算1089試合出場で6盗塁しかない。しかも、失敗が7あるので、生涯の盗塁成功率は、4割6分2厘という低さだ。

とはいえ、走塁について最初から手を抜くようなことはしていない。もちろん、内野ゴロを打ってしまったときに、野手の一塁送球がどう考えてもストライクと思えたときなどは走るペースを落としてしまうことはあったが、塁上の走者として走らなければならないときは、私なりに全力で走っていた。試合前の打撃練習のときにも、各塁に入ってリードをとり、練習中の打者が打つと同時に走り出すスタートの練習だってちゃんとしていた。

ただ、いかんせん、一生懸命走ってもスピードは遅かった。もちろん、それは自覚している。だから、せめて意味のない暴走や状況判断のミスだけはしないように心がけて走っていた。

そんな中、ボビー・バレンタイン監督が指揮を執《と》っていた時代は、どの選手であっても、6回まではグリーンライト（走れるのならば、盗塁を試みて良し）のサインが出ていた。とはいえ、私も自分の走る能力は理解している。クイックモーションを毎球ちゃんとしてい

足が遅くても、捕手的視点で走塁への意識を高めることは、チームにとって大きな意味がある。

るような、隙《すき》のない投手のときは走れない。でも、明らかにノーマークの場合は、「行けそうやな」と思うことがある。そういうときは、投球のあいまに一塁コーチャーの（髙橋）慶彦《よしひこ》さん（元広島・ロッテ・阪神、元千葉ロッテ走塁コーチ・打撃コーチなど）に相談していた。

「これ、（盗塁）行けるんちゃいます？」

私がそうささやくと、慶彦さんが答える。

「いや、ここはやめておけ」

実際にはこのような感じで止められるほうが多かったが、ときとして、「サト、ここは行けるぞ」というときもあった。

選手の拘束《こうそく》事項でガチガチに固められたチームであれば、私は盗塁できるかどうかなんて考える必要はなかっただろう。だが、グリーンライトだったことで、足の遅い私も、走塁や盗塁のことを考えるようになった。

状況を判断し、相手捕手の思考や配球を読んで、盗塁に生かす

盗塁を狙うにあたって考えることの1つとして、相手捕手の配球がある。俊足選手の多くは普通にトライしていることだが、ストレート系の球種のときよりも、カーブのような

緩《ゆる》い変化球のときに盗塁を企図《きと》すれば、わずかでも二塁送球の到達が遅れる。もちろん、クイックモーションの速さの差のほうがもっと大きくタイム差が出るが、プロではコンマ1秒違うかどうかでアウトかセーフかを分けることもあるので、変化球のときにスタートを切るに越したことはない。

そこで、日ごろから相手バッテリーの配球を頭に入れていれば、より盗塁の確率が高いシーンを選ぶことができる。打撃の際に活用できる捕手的な視点としてすでに紹介しているることだが、走塁にも生かさない手はないだろう。

こうして、盗塁の判断を自分で考えるようになると、いくら自由度が高くても、暴走はしなくなるという利点もある。例えば、初回からなんの根拠もなく走ってアウトになろうものなら、さすがに「バカか!」と言われる。だから、成功する「策」を考えるわけだ。それにより、もっと複雑な状況のときでも、適切な判断ができるように自然となっていくのだ。

野球というのは、いくらベンチが策を用意したところで、実際にやるのは選手。こうした状況判断のできる選手が数多くいることは、当然チームの勝利につながっていく。

私はプロ野球選手としては鈍足《どんそく》だったかもしれないが、その意味においては、現役を引退する最後の試合まで、塁に出たときには「状況判断のできる走者」として、仕事を全《まっと》うしたと自負している。

第 7 章

スキルが学べる名選手列伝

～新旧の捕手・投手から、打者・走者まで～

捕手としての能力が高い甲斐《かい》拓也《たくや》、打てる捕手として台頭した森友哉

この章では、私が見てきた現役選手や過去の名選手について「名選手列伝」として紹介していくとともに、ゆかりのあるプレーに絡《から》めて里崎流の「捕手的視点」をまじえながら述べていく。アマチュアプレーヤーや草野球選手の実用面での参考にもしてもらいたい。まずは、私と同じポジションの捕手から進めていこう。

ここ何年かで、のちに「名捕手」と言われるであろう2人がブレイクした。1人は2018年の日本シリーズでMVP（最高殊勲選手）となった甲斐拓也《かいたくや》（福岡ソフトバンク）、もう1人は、19年にパ・リーグ首位打者とシーズンMVP（最優秀選手）をダブル受賞し、本書の対談にも登場してもらっている森友哉（埼玉西武）だ。

この2人は、捕手としてのタイプがまったく異なる。甲斐は強肩が売りで、18年の日本シリーズでは、広島が仕掛けてきた盗塁をすべて刺したことが評価され、MVPを受賞した。勝負どころで決勝打を放《はな》った強打者や、相手を封じた投手が選ばれるのが一般的な中、ほぼ盗塁阻止のみで受賞したのはシリーズ史上初のことだ。

甲斐はチームが勝っていることで、その名が知られるようになった好例と言っていい。チ

強い肩と素早く正確な送球で盗塁を刺しまくる甲斐拓也。捕手としての総合的な評価も高い。

ームが毎年下位に沈んでいたら、盗塁阻止率が1位というだけで、こうはならないだろう。

そもそも、私が「盗塁阻止において重要なのは、捕手よりも投手」と考えていることは、至るところで述べてきた。もちろん、肩が強いに越したことはないが、そこそこ投げられれば、肩の強さが普通くらいでも技術でなんとでもなる。むしろ、捕ってから素早く正確に投げるほうが重要で、極論としては、いちばんはコントロール。次に、捕ってから素早く。肩の強さは、優先順位としては最後となる。甲斐が素晴らしいのも、どのような投球においても素早くて正確な送球を、毎回高い精度で再現できているところにある。

また、捕手として必要な「捕る」「止める」「投げる」が、できていることも忘れてはならない。もし、捕手としての能力のみで評価するとなれば、「現在、日本でいちばんうまいのは甲斐」と私は答えるだろう。そのうえに、チームが勝っていることで、現在の甲斐の存在感をより高めている。

一方で、打撃による活躍で台頭《たいとう》してきたのが森だ。森は高卒入団ながら、プロ入り1年目の14年から6本塁打と長打力をアピール。翌15年には138試合に出場して、打率2割8分7厘、17本塁打の成績をあげて、レギュラーに定着した。

だが、この年は指名打者と外野手の兼任で、捕手として出場することはなかった。打力を生かすために指名打者での起用がメインになったというのは、まだまだ「捕手・森友哉」

としての評価は低かったということ。その背景には、チームのBクラス低迷も無関係ではなかっただろう。繰り返しになるが、チームの成績が悪いのに「リードはうまい」と評判になる捕手など、現代のプロ野球界において、少なくとも私は聞いたことがない。

ところが、18年に埼玉西武がパ・リーグを制覇するころになると、打てる捕手・森の評価はうなぎ上りとなり、19年もリーグを連覇。しかも、首位打者とシーズンMVPを獲得したことで、日本一にこそなれなかったものの、森は国内随一の捕手と評価されるようになった。私がしつこいほどに提唱している名捕手の条件「打つか、強いチームにいるか」を、完全に満たした格好だ。その一方で、19年の西武のチーム防御率がリーグ最下位の4・35であったが、そのことについて言及される声はあまり聞かれず、「打って」「勝った」ことのみで称賛された。森自身は、当然、捕手としてのスキルを高める努力はしてきただろうし、経験の蓄積もあって実際に向上している部分はあるのかもしれない。だが、根本的なところとして、この防御率を前に、「いや、森のリード・配球は良い」と客観的な根拠を挙げて評価できる人間がいないのだ。このあたりに、「良いリード・配球の定義は存在しない」という私の持論が暗に証明されている。

ただし、森については、20年以降も打撃で活躍を続けることが、絶対的な名捕手となる条件でもある。過去、パ・リーグでは、04年に北海道日本ハムの高橋信二（現北海道日本ハム二軍バッテリーコーチ兼打撃コーチ補佐)、09年に福岡ソフトバンクの田上秀則《たのうえひでのり》が、打てる捕手としてクリーンアップに入り、ともに26本塁打を放ったことがある。だが、翌年以降は同レベルの成績を残すことができず、尻すぼみとなってしまった。打ち続けなければ、森の評価も定着しない可能性がある。

打てて勝てるチームにいる會澤翼《あいざわつばさ》、打つか勝つかの1つは欲しい小林誠司

セ・リーグでは、會澤翼《あいざわつばさ》(広島)が際立っている。會澤はなんと言っても広島が16年から3年連続リーグ優勝したときに、ほぼレギュラーとして定着したことが大きい。とくに18年には打率3割0分5厘、13本塁打と、打撃面で好成績を残したことで、「打てる捕手」「勝っているチームの捕手」という条件を満たした。

19年の「世界野球WBSCプレミア12」でも、打撃で活躍したことで、決勝戦など重要な試合のスタメン出場を勝ち取った格好だ。私が日本代表捕手を選ぶとしたら、20年シーズン開幕の時点なら、森、甲斐、會澤の3人となるだろう。

そうなると、巨人の小林誠司は外れることになる。16年から19年まで4年連続でセ・リーグ盗塁阻止率1位を維持し、巨人の選手ということで注目度は高いが、打撃成績が振る

わないので（19年は打率2割4分4厘、2本塁打）、どうしても高評価に至らない。

小林の悲劇は、巨人の先発投手陣が優秀な成績をあげているところにもある。今や、「日本のエース」と言ってもいい菅野智之、20年からトロント・ブルージェイズでプレーする山口俊《しゅん》、17年まで巨人に在籍し、現在ではセントルイス・カーディナルスで活躍中のマイルズ・マイコラスなどが好投すると、それは「投手の手柄」とされる。そして、別の投手が登板して打たれると、今度は「小林のリードが悪い」と、やり玉にあがるのだ。現役時代の私も似たような経験をしており、「捕手は受難」と痛感することがあったが、つまるところ、そのくらい捕手のリードや配球というのは評価されづらいということだ。

小林が一流捕手として認められるためには、やはり、打つかチームが勝つしかない。小林がプロ入りした14年と19年にリーグ優勝を経験しているので、チームが勝っていると言えなくもないが、14年は新人でレギュラーではないし、19年は打撃の良い大城卓三《おおしろたくみ》とFA移籍してきた炭谷銀仁朗《すみたにぎんじろう》との併用で92試合の出場にとどまった。そして、巨人という、勝つことに対してどこよりもシビアなチームにおいて、まだ日本一になっていないのも痛いところだ。

また、打つほうについては、森友哉のようにタイトルを獲得するくらい活躍するか、毎年コンスタントに打率なり、本塁打なりで目立つ数字を残す必要がある。17年のＷＢＣでは、チームトップの打率4割5分0厘（20打数9安打）を記録して一時的に高評価されたが、これに近いインパクトをレギュラーシーズンで与えることができるかどうか。

いずれにせよ、勝つか打つか。どちらか1つでも達成、維持できれば、小林に限らない話ではあるが、なんの疑問も持たれることなく、名捕手として称賛されるのではないだろうか。

リーグ優勝で株を上げた中村悠平《ゆうへい》、石原慶幸《よしゆき》、嶋基宏《しまもとひろ》

優勝チームの捕手が評価された例としてわかりやすかったのが、東京ヤクルトの中村悠《ゆう》平《へい》だろう。ヤクルトがリーグ優勝した15年、１３６試合に出場して正捕手の役割を果たした中村は、その成長ぶりが絶賛された。オフには日本代表「侍ジャパン」に選ばれ、プレミア12にも出場している。ヤクルト番の記者の人たちも、「古田敦也《あつや》さん（元ヤクルト、元東京ヤクルト監督）以来、ようやく生え抜きの捕手が固定できた。これで安泰《あんたい》だ」と、うれしそうに話していたほどだった。

ところが、翌16年、チームが5位に低迷すると、それ以降、「侍ジャパン」レベルで中村の名前はほとんど聞かれなくなった。年によっては、西田明央《あきひさ》や井野《いの》卓《すぐる》らがスタメン起用されることもあり、「西田や井野のほうが、中村より良いのでは？」という声まで聞こえてき

た。捕手の評価は、そのくらい、チームの勝ち負けに左右されるあいまいなものということだ。

広島のベテラン捕手である石原慶幸《よしゆき》にも同じことが言える。16年にチームが25年ぶりとなるリーグ優勝を果たした際、石原は106試合に出場して打率は2割0分2厘だったが、「打てなくても、守備で貢献している」という声がよく耳に入ってきた。

だが、私に言わせれば、彼らがやっていること自体は、大きくは変わっていない。結局、捕手の評価は優勝するかどうかで違ってくるのだ。

東北楽天時代の嶋基宏《しまもとひろ》（現東京ヤクルト）もそうだ。07年に入団してから一軍の試合に出場し、楽天ファンやコアな野球好きには知られていたが、パ・リーグを代表する捕手とされるようになったのは、10年に打率3割1分5厘を記録してベストナインとゴールデングラブ賞をダブル受賞してからのことだ。そして、13年のリーグ優勝、日本一になったことにより、高い評価が定着した。

ベストナイン、ゴールデングラブの肩書きはないが、優秀だった相川亮二《あいかわりょうじ》

私と同い年で、プロ生活23年間に横浜、東京ヤクルト、巨人と渡り歩いた相川亮二《あいかわりょうじ》（現巨人バッテリーコーチ）は、「捕って、止めて、投げる」という捕手の技術において、大変

レベルの高い選手だった。また、打撃でも、横浜時代の07年に打率3割0分2厘、ヤクルト移籍後の10年にも2割9分3厘、11本塁打、65打点と、規定打席に到達して好成績を残したシーズンもある。

本来、もっともっと評価されるべきなのだが、23年の現役生活において、一度も優勝を経験できなかったことが、いかんせん痛かった。打撃についても、好成績を安定して続けることができず、「打てる捕手」という評価まで、あと一歩たどり着けなかった感もある。ベストナインやゴールデングラブ賞を1回も獲得することができず、オリンピックやWBCの日本代表に3度選ばれながら、いずれの大会もレギュラーとしての出場がなかったのも不運だった。

例えば、私であれば、「06年WBC世界一でベストナイン捕手」という肩書きが、なににおいてもついてまわる。また、クライマックスシリーズの時期になると、必ずと言っていいほど「シーズン3位から日本一になった」とか、「下剋上《げこくじょう》の申し子」と紹介される。ぶっちゃけた話、それだけで生きているとすら言ってもいいだろう。

ところが、「相川亮二は？」となったときに、誰もが連想するような肩書きが瞬時に出てこない。あれほどの捕手であっても、爆発的に打っているか、勝っていることを示す確固たる実績がないと、公《おおやけ》の場で評価されにくくなってしまうのだ。

おそらく、過去にもそういった名捕手はたくさんいたのだろう。だが、なかなか評価されないのは、捕手というポジションそのものが不遇なのかもしれない。「強いチームに名捕手あり」とも言われるが、それは違う。正確には「強いチームのレギュラーだったから、名捕手と言われる」のだと、私は感じる。相川はそれを逆説的に証明しているように思う。

前人未到の通算3021試合出場を果たした谷繁元信《たにしげもとのぶ》さん

私が現役時代に尊敬していた捕手は、なんと言っても谷繁元信《たにしげもとのぶ》さん（元横浜・中日、元中日監督）だ。歴代最多の通算3021試合出場を果たし、横浜と中日の2球団でリーグ優勝通算5回、日本一2回という実績で、球史に大きな足跡を残している。

ただ、谷繁さんの捕手としての技術やスタイルを、私がそのまま取り入れたかと問われると、そこまではしていない。もちろん、良いと思ったところは吸収させてもらった。だが、なんでもかんでもマネをするということではなく、あくまで、自分に合うものだけを取り入れるようにしていた。例えば、谷繁さんはミットの構え方として、捕球面をしっかりと投手に見せるようにしていたそうだが、私はそれはどちらでもいいと考えていた。

また、これは一般論になるが、捕手が構えるときに片方のヒザを地面に着けるのが良いのか悪いのかが議論になるときがある。それも人それぞれやりやすいようにすればいいと思う。私は、ヒザをついて構えるのが好きではないので、第2章で述べた構え方の基本を実行し、本書で紹介しているわけだが、そこに一定の基準があるわけではない。どんな構え方だろうと、「きちっと捕って、止めて、投げる」ということができていれば、それでいい。スタイルの違いは、選手の数だけあるということだ。

そういう考え方なので、捕手としての技術的なことを問われると、私の場合、最終的には「好み」かどうかで論じるしかないというのが実際のところだ。

野村克也《かつや》さん、達川光男《たつかわみつお》さん、伊東勤《つとむ》さん、古田敦也さん…「名捕手」は、「打つ」か「勝っている」

これまで、「名捕手」の条件として、耳にタコができるくらい「打っているか、勝っていること」と言ってきたので、ここで、過去、名捕手と言われた人物の名前を古い順に挙げてみよう。

まずは、先日亡くなられた野村克也《かつや》さん（元南海ホークスなど、元南海・ヤクルト・阪神・東北楽天監督）。続いて、森祇晶《まさあき》（現役時の登録名は昌彦《まさひこ》）さん（元巨人、元西武・横浜監督）、田淵幸一《たぶちこういち》さん（元阪神・西武、元福岡ダイエー監督）、達川光男《たつかわみつお》さん（元広島、元広島監督）、伊東勤《つとむ》さん（元西武、元西武・千葉ロッテ監督、現中日ヘッドコーチ）、古田敦也さん、前項で取り上げた谷繁元信さん、そして、城島健司《じょうじまけんじ》（元福岡ダイエー、阪神など。現福岡ソフトバンク球団会長付き特別アドバイザー）、阿部慎之助《しんのすけ》（元巨人、現巨人二軍監督）といったところか。

ちなみに、私はプロ入りする前はプロ野球をあまり見たことがなく、自分が目にしたものだけを信じる性格なので、正直なところ、昔の捕手についてはあまり知らない。プロ入りしてから直接お会いしたり、多少は人から話に聞いたりしたというレベルだ。そのため、一般的な野球ファンが挙げる選手と大差ないはずである。

こうして見ると、全員がものの見事に、「打てる捕手」か、「チームが強いときにプレーしていたレギュラー捕手」のどちらかに当てはまっている。野村さんと古田さんは、打撃でタイトルを獲得し、なおかつ強いチームで長年プレーしていたということで、文句のつけようがない。森さん、達川さん、伊東さん、谷繁さんは、どちらかというとチームが強かったときに長年レギュラーを務めたタイプ。そして、田淵さんは、捕手としてより本塁打を量産する打撃で名を馳《は》せた。城島と阿部もそれにやや近いか。チームが強かった時期はもちろんあったが、どちらかというと打撃で目立ったイメージの強い選手たちだ。

本当に捕手というのは、純粋に捕手として評価する基準がないものだと実感する。盗塁阻止率は、しょせん投手のクイックモーション次第だし、リードについては、明確な評価をする方法さえ見つからない。打たれる、打たれないは、バッテリーを組んだ投手によるところも大きい。捕手というポジションには、自分自身で積極的に積み上げていけるような成績が存在せず、すべて受け身になってしまうのだ。そうなると、自分から攻めていけるのは、打つことくらいしかない。それが現実ということだろう。

もし、将来、捕手について革新的な評価方法が確立されたとしたら話は別だが、守備の要《かなめ》である捕手という役割の本質を考えると、その評価は野球が野球である限り、これからも変わりようがないことなのかもしれない。

全盛期はフォークボールもコーナーに操《あやつ》っていた斉藤和巳《かずみ》

ここからは、打者・里崎智也として対戦した経験のある名投手について思い起こすとともに、現役の投手についても、可能な範囲で触れていこうと思う。

まずは、03年に20勝、06年に18勝を記録した斉藤和巳《かずみ》（元福岡ソフトバンク）。故障により、全盛期と呼べる期間は短かったが、そのときの投球は素晴らしかった。斉藤和巳は現役の投手で言うと、巨人の菅野智之に近いイメージだ。球は速いし、コントロールもいい。緩急《かんきゅう》をつけるカーブもある。スライダー、フォークボールも一級品だった。とくにフォークは秀逸《しゅういつ》で、内角、外角に投げ分けることができた。しかも、その球速は140キロ中盤と、まともにとらえるのは至難の業《わざ》。とにかく、すべての球種が決め球になるので、私は追い込まれたときに、状況によってはあえてフォークにヤマを張ったこともあった。なぜなら、低めのボール球に対する見極めがしやすくなるという利点があるからだ。そのため、ワンバウンドするようなフォークをきっちり見逃して三振をのがれたり、落ちずに甘く入ったものを好打したりしたことも何度かあった。

一般的に、変化球にヤマを張るというのは、それによって「ヒットを打つ」ことよりも、「ボール球を見極めて、振らなくなる」というメリットのほうが大きい。もちろん、ズドンとストレート系が来たら仕方がない。でも、ストレートの意識を持ち続けて、結局、フォークが来て空振りしたら、結果としては一緒。状況によって、こうした意識を変えた打撃をすることも重要だ。とくに斉藤和巳クラスの好投手を攻略するためには、必要なことだろう。

ストレートはスピードガン表示以上の力があった杉内俊哉

05年に福岡ソフトバンクで18勝をあげ、その後、巨人でも活躍して通算142勝を記録した左腕・杉内俊哉も、対戦した思い出が残る投手だ。杉内については、彼の引退する日に解説を担当した際、放送局が調べてくれて対戦成績が３割を超えていたことを初めて知った。その後、別のメディア関係の人からも、杉内との対戦成績が３割を超えているのは、私と和田一浩さんしかいなかったと聞いた。基本的に、私は対戦した投手に対して、打ったときの良いイメージしか頭に残していない。そのため、どの投手も「そこそこ打った」と思っている。だから、杉内を特別打ったという印象もなかったので、少し驚いた。

杉内の特徴としては、まず、球種が少ないこと。ストレートとスライダー、チェンジアップ、それにカーブといったところだ。ストレートの球速は１３８キロ前後だが、スピードガンで表示される以上の力はあった。コントロールは、斉藤和巳ほどではないが、良いほうだ。

杉内に限ったことではないが、私が調子の良いときは、どんな球にもタイミングが合わせられる状態だったので、感性に任せて打席に入っていた。それでも、結果が出るので、問題はなかった。だが、いつも調子が良いときばかりではない。相手が絶好調というときもある。そういうときに杉内クラスの投手と対戦したときは、配球を読みつつ狙《ねら》い球を絞《しぼ》り込んでいかなくてはならない。

ただ、どのような配球の読みをしていたかと問われると、その都度《つど》、状況によりとしか言いようがない。捕手として投手をリードするときもそうだが、イニングや得点差、走者、カウントごとに読みは変わってくるからだ。そのため、１球ごとに、ストレートを狙うか変化球を狙うか？　球種を絞るか？　コースを絞るか？　打つ方向を決めるか？　など、いくつかのポイントを、状況に応じて組み合わせながら考えるようにしていた。

また、私のコンディションによって、今のような打撃ができるかということと、相手の状態もふまえて判断する必要もある。過去のデータから、「このカウントだと、この球種・コースが多いよね」という基本的なものがまず頭にあるので、そこから「でも、俺《おれ》に対してはこっちのほうがけっこう多いよな」とか、「あっ、今日はこの球種のほうが調子良さそうだな」というように、試合の中で感じることを加えて、判断していた。

また、ときには、ストレートを狙っていても変化球を打ててしまうことがあるし、変化球を狙っていてストレートに反応できることもある。「狙いとは外れていたけれども、うまく打てたな」というケースも当然あった。

そうした読みというのは、各球団のエース級だからということではなく、どの投手に対しても行っていたことだ。ただ、レベルの高くない投手は、考えるパターンが少なくてすみ、特別なにも考えなくても楽勝で打てるというだけに過ぎない。

杉内が多くのプロの打者に対して好投して、勝ち星をあげていた中で、私の対戦成績が良かったのは、おそらく、自分の状態が良かったり、状況から判断した私の読みが比較的うまくハマったりしたのだと思っている。

本塁打を1本も打てなかった田中将大《まさひろ》、なぜか打てなかったライアン・グリン

自分が打ったイメージしか持っていないはずの私が、「あまり打ってないな」という印象が残っているのが田中将大《まさひろ》（元東北楽天、現ニューヨーク・ヤンキース）だ。詳しい対戦成績までは把握《はあく》していないが、パ・リーグで同じ時代に対戦してきたエース級の投手で、唯《ゆい》一《いっ》、本塁打を1本も打つことができなかった。

プロの場合は、打てない投手を打てないままにしておくと、成績が下降して試合に出場できなくなる。当然、相手の研究など、対策を講じて克服するからこそ、次の対戦で前向きに挑《いど》むことができる。田中将大についても、本塁打こそ打てなかったものの、ヒットはそれなりに打っているイメージは持っていた。私は悪いイメージは忘れてしまう性分《しょうぶん》なので、覚えていないだけかもしれないが(笑)。

だが、例外的に良いイメージをいだきようがないケースもあった。ライアン・グリン（元東北楽天、北海道日本ハムなど）だ。パ・リーグに在籍していた06年から08年までの3年間、まったく打ったイメージもなく、実際の数字も、38打数3安打と散々だった。なぜ打てなかったのかも、わからずじまい。それはそうだ。わかれば、打っている。

若いころは威圧感があった松坂大輔、当時から変化球が多彩なダルビッシュ有

2000年代のパ・リーグで活躍していたエース級の投手では、西武（現埼玉西武）の松坂大輔や北海道日本ハムのダルビッシュ有（現シカゴ・カブス）とも、よく対戦した。

メジャーリーグに挑戦する前、06年まで対戦していた松坂は、けっこう打っているイメージがある。とはいえ、ストレートはやはり速く威圧感があり、スライダーも腕が振れていてキレがあった。その後、07年からはポスティングシステムを利用してボストン・レッドソックスに移籍し、07年に15勝、08年に18勝をあげたが、故障もあって低迷。15年からは国内に戻り、18年に中日で6勝して復活した際は、当時のような力で押す投球ではなくなっていた。残念ではあるが、カットボールやチェンジアップを駆使したボールの出し入れでどこまで現役を続けられるか？　古巣のライオンズ復帰となった20年の投球に注目したい。

一方、ダルビッシュは、変化球が多彩というイメージが強い。ストレートももちろん力があったが、一軍の試合に出たてのころからそれだけではなかった。カーブ、カットボール、スライダー、スプリット、チェンジアップ、ツーシームほか、あらゆる球種をどのカウントでも同じように投げられる。だから、狙い球が絞りにくい。それでも、その日の軸

になる球種を見極めつつ、様々な状況をふまえながら打席に入ったことで、本塁打を2本打っている。そのため、私の中では打ったイメージは残っている。

こうした過去の投手に関するイメージについて、よく球が「重い」か「軽い」か、と聞かれることがある。だが、私は、そもそもそういう感覚はないという考えだ。なぜなら、自分のタイミングで打てたときは、どの投手であっても「重い」と感じなかったからだ。

要するに「重い」と感じるということは、タイミング的に差し込まれていたり、バットの芯《しん》を外されているということではないだろうか。

例えば、まわりの人全員が「今日、あの投手、メッチャ真《ま》っ直《す》ぐが来ているよ」と言っていたとしても、自分が絶好調であれば、「来ている」とは感じない。相手投手に4安打完封されたときでも、その内の3安打を自分が打っていたとしたら、「いや～、今日のあの投手は、マジやばかったよ。あれは打てんわ。俺は3安打打ったけどね」なんて言う選手はいないだろう。逆に、みんなが打っているのに、1人だけノーヒットのときは、「いや、俺のときだけはすごかった。球が来てたし、当たっても前に飛ばない」ということもある。重い軽いも、人それぞれ、そのときの感覚に過ぎない。

そういったことよりも、松坂やダルビッシュ、田中将大など、のちのち活躍する投手に共通していたのは、プロ入りした当初は体が細かったのが、年を経るにつれて体が大きくなっていった点だ。西口文也《ふみや》さん（元埼玉西武、現埼玉西武投手コーチ）のように全体的なシルエットは細身であっても、それはプロ入り前がもっと細かっただけに過ぎず、節々《ふしぶし》は太くなっていると思う。チームメイトだった渡辺俊介も、ロッテに入ってきたばかりのころはマッチ棒のようだったが、部分部分は太くなっていった。技術面のスキルアップももちろん必要だが、体ができていくことも、プロの選手としては大事なことなのだと思う。

一時期不調になりながらも、ノーヒッターを達成した千賀滉大《せんがこうだい》

そのほかの現役の投手についても、何人か触れたい。まずは、育成枠から福岡ソフトバンクのエースに成長し、今やパ・リーグの、いや、日本のエース格になったと言える千賀《せんが》滉大《こうだい》だ。16年から19年まで、目下のところ4年連続2ケタ勝利と安定した成績を残し、19年にはノーヒットノーランも達成した。

ただ、19年シーズンの千賀は、一時期、勝てないときがあった。それは、全体的にほかの投手と比べて四球が多かったのが原因だったと思う。１４０キロ台後半のカットボールを投げることが多くなったのは、フォークボールのストライクとボールの投げ分けが徹底できなかったためだろう。高めに抜けると痛打される確率が高くなるので、カウントを取

れる変化球として選択することが多くなったものと推測される。不調期のときは、とくに千葉ロッテとの相性が悪かったが、その理由は私にもわからない。

もし、私が打者として千賀と対戦するとしたら、まず、ストレートにタイミングを合うかどうかがポイントになってくるだろう。それが難しい場合には、状況に応じた確率論で球種にヤマを張る可能性があるが、「そこまでヤマを張らなくても、対応できるな」と感じられれば、打つのはそれほど難しくはないかもしれない。

要するに、打てるかどうかを大きく分けるのは、打席に入ったときに、彼のストレートを私が速いと感じるかどうかなのだ。一般的に「速い」と言われていても、自分にとってはそう感じないこともあるので、あくまで自分の感覚次第になる。

これはストレートの速い投手に対しては、誰であっても同じこと。ストレートにタイミングが合わないようだと、打つのは難しくなる。そうなれば、配球の傾向を読んで、状況に応じた狙い球を絞り込むなどして、良い結果につながるように工夫していくしかない。

千賀の決め球である「お化けフォーク」についても、当然、意識はする。ただ、そればかりを特別に警戒するわけではない。すべての球種を分け隔てなくイメージしておかなくては、対応できない。どの投手に対しても、持ち球を意識しておくことは、プロなら当たり前のことだと考えている。

全球種が一流の千賀滉大相手には、まず、速球にタイミングを合わせられるかが攻略の第一歩だ。

結果を出した有原《ありはら》航平《こうへい》と山本由伸《よしのぶ》、好投手でも故障が影響した菅野智之

19年に、15勝8敗、防御率2・46の好成績でパ・リーグ最多勝に輝いた有原航平《ありはらこうへい》（北海道日本ハム）。彼については、YouTubeで配信している『里崎チャンネル』において、両リーグ合わせた19年ベストナインの投手部門で選出した。

19年シーズンにおいて、私が解説を担当した試合で有原が登板した機会は少なかったので、実際にはすべての登板を事細かに見ていたわけではないが、ストレートに力があって、落ちる変化球がとくにコントロール良く投げきれていた。それが、結果につながったと思う。

19年に、パ・リーグ最優秀防御率となる1・95を記録した山本由伸《よしのぶ》（オリックス）は、18年にリリーフとして一軍で活躍。19年は先発に転向したが、力のあるストレートと、腕の振りがほとんど変わらないスライダー、カットボールをおもな武器として、シーズンを通して内容が良かった。防御率1点台で8勝しかできなかったのは、終盤まで好投しても、味方の援護がなくて力尽きたり、同点で降板したりすることが多かったからだ。あとを継いだリリーフ投手が打ち込まれたこともあった。

山本については、先発になっていちばん不安視されていたスタミナ面の心配がなかった

ということが、19年シーズンの好調につながった。リリーフで投げていた投球内容を、試合中盤まで維持できていれば、打つのは厳しくなる。もともと、コントロールも良いので、故障さえしなければ、20年以降もタイトル争いに絡んでくるはずだ。

一方で、19年の巨人・菅野智之は体の具合が悪かったので、不調というよりも、その点に尽きると思われる。日本を代表する投手であっても、活躍するにはコンディショニングが重要であることが、改めて認識されたのではないだろうか。20年は同じ轍《てつ》を踏むことなく、ベストな状態でシーズンをすごしてほしいと願っている。

内角のさばきが抜群の松中信彦さん、三振の少ない小笠原道大さん、和田一浩さん

続いては、私がマスクをかぶっていたときに対戦した中で印象に残っている打者について触れたい。いちばんは、やはり、松中信彦さん（福岡ソフトバンク）だ。平成の時代に唯一、三冠王（04年／打率3割5分8厘、44本塁打、１２０打点）を獲得した強打者だけに、打球はえげつなかった。内角のストライクゾーンは、少しでも甘くなると本塁打になってしまうので、簡単には要求できない。そのため、どうしても外角のストライク球とボール球の出し入れが中心になるが、外角ばかりだと流して福岡ドーム（現福岡ＰａｙＰａｙ

ドーム）の左中間スタンドに持っていかれる場合もある。そのため、内角も意識させておくための見せ球として使わねばならないときもあり、投手が威力のある球をキッチリ投げられない場合は痛打をくらうこともよくあった。

ただ、そうは言いつつも、打率で考えたら、10打席対戦して6〜7回は打ち取れていることになる。全部が全部打たれるわけではないので、イニングや得点差、走者やアウトカウントなど、状況に応じて思いきった勝負をさせるときはあった。

というのも、当時のホークス打線は、現在と同じく破壊力抜群で、四球で逃げることができなかったからだ。例えば、千葉ロッテが日本一になった05年だけを見ても、松中さんは打率3割1分5厘、46本塁打、121打点という好成績だったが、ほかにもトニー・バティスタ（27本塁打）、フリオ・ズレータ（43本塁打）、城島健司（24本塁打）と長距離砲が並んでいた。さらに、この年は打率3割1分1厘の宮地克彦《みやじかつひこ》さんや、本塁打の危険はなくても勝負強いホルベルト・カブレラ（打率2割9分7厘）もいて、簡単に塁に出すことなどできない。逃げずに攻めていくしかなかった。

06年まで北海道日本ハムの中軸を務め、07年から巨人でプレーした小笠原道大さんも、今振り返れば、全盛期だったころに対戦を重ねた強打者だ。ガッツ（小笠原選手のニックネーム）さんは、松中さんのようにパカパカと本塁打を打つ印象があるタイプではなかったが、広角に打ち分けができたし、そうはいっても、シーズン30本塁打を超えてくるパンチ力もあるので、一歩間違えるとスタンドまで運ばれる危険ととなり合わせだった。しかも、強打者の共通項として、ガッツさんも逆方向へ打ってスタンドまで届かせるパワーがあった。そして、三振もしない。左右の違いはあるが、07年まで西武の中心打者だった和田一浩さん（08年から中日）もそうだった。

驚愕《きょうがく》のパワーを持っていたアレックス・カブレラとタフィー・ローズ

外国人の強打者で長いあいだ対戦していた選手としては、アレックス・カブレラ（西武、オリックスなど）とタフィー・ローズ（大阪近鉄バファローズ、巨人など）の左右の大砲がいた。2人のパワーには驚かされたものだ。

ただ、当たればどこまでも打球が飛んでいく彼らであっても、攻め方は必ずある。カブレラの場合は、高めのややボール球にも手を出してくるので、高低の揺《ゆ》さぶりが有効だった。タフィーは、インコースへしっかりと投げ込んだうえでの外角勝負が主体になるが、この2人に限らず、外国人選手に対しては高めを使うケースはよくあった。

また、大柄で腕も長い外国人選手の場合、外角のストライクかボールか微妙なコースには普通にバットが届いてしまうので、当然、ワンパターンの攻め方はできない。投手の特徴や力量なども見ながら、配球を組み立てていくことになる。

むしろ、投手の力量によって配球が決まってくるというケースも多かった。例えば、渡辺俊介などは、相手打者の特徴に合わせて投げ分けるよりも、自分のパターンで徹底して攻めていく投手だった。俊ちゃんの場合、相手が外国人選手であろうが、日本人選手であろうが、関係ない。もちろん、1球投げるごとに打者の反応を見ながら、配球を考えるようにしていたが、結局は自分のベストの投球ができれば打ち取れるし、できなければ打たれる。だから、捕手としては、ある意味ラクではあった。

右打者の中では当てるのが抜群にうまい内川聖一《せいいち》

ここからは、現役の打者について、私がいだいている印象や、それに関係した考え方について、捕手の視点を絡めながら論じていく。

まず、三振が少なく、バットに当てるのがうまい右打者としては内川聖一《せいいち》（福岡ソフトバンク）がいる。現在は選手としては晩年の域に入っているので、当てるのがうますぎて難しい球でも前に飛び、ダブルプレーになることも多くなってきたが、私が対戦していたころは、まだ全盛期。打ち取ったと思っても、バットコントロールでうまく拾われて、ヒットゾーンへ運ばれることが多かった。だから、左打者優勢の時代において、右打者でもセ・パ両リーグで首位打者が獲《と》れたのだろう。

　この手のアベレージタイプの場合、「すべて対応されてしまい、キャッチャーとしては、どう配球していいかわからないのでは？」と聞かれることがある。その問いに対しては、「NO」と答えている。実際、私の頭の中にはそれぞれの打者のデータベースがインプットされていて、結果はともかく、抑え方は必ず持っていた。先述したように、現役時代に配球で困ったという選手は1人もいない。捕手としては、やることが多いか少ないかの違いだけ。手の内にある抑え方のプランをもとに、その場の状況に応じて当てはめていくだけのことだ。

　ただし、問題は、必ずしも投手がこちらの考えどおりに投げられないこと。「この投手の力量では、抑えきれないな……」となれば、投手の力量に合わせて方針を変えなくてはならず、そこで困ることはあった。

　例えば、当時の内川については、高めに対するバットの出が良かったので、とにかく低めに投げることが大前提となる。あとは、こちらのイメージどおりに投手が低めにきっちり投げられるか？　というところになるが、そればかりは捕手の立場ではどうすることもできない。

バットコントロールのうまさが光る内川聖一。捕手と投手双方の力量がないと、抑えられない。

だから、ときとして一見冒険に見えるようなサインを出すこともある。コントロールの悪い投手に厳しいコースを要求して甘くなったところを打たれるなら、その投手のいちばん力のあるボールで打たれる確率と照らし合わせて、後者を選択するようなときだ。その点については、第3章の中で、投手のレベルに応じた配球の考え方について述べているとおりである。

タイプは違うが西武打線を支える2人のスラッガー・中村剛也《たけや》、山川穂高《ほたか》

19年にパ・リーグ2連覇を果たした埼玉西武の主砲は1人ではない。中村剛也《たけや》と山川穂《ほ》高《たか》の2人がいて、同じくらい破壊力のある活躍をしたことが、あの強力打線を生み出したと言える。

まず、「おかわり君」こと中村剛也のいちばん特徴的なのは、空振りするときも本塁打を打つときも、まったく同じフォームでスイングするところ。2ストライクになっても空振りを恐れず同じように振ってくるので、成績上、三振は多くなるが、フォームがまったく崩《くず》れない。捕手としては、そこに嫌《いや》な感じが残る。

なぜなら、バッテリーが相手打者を抑えるためにまずやることは、フォームを崩すこと

だからだ。打者に自分のスイングをさせないようにしたり、タイミングを外したりすることは、単純に凡打の確率を上げることになる。そのために、四隅《よすみ》の揺さぶりや緩急《かんきゅう》など、状況に応じて配球するのだが、中村剛也はその揺さぶりに、なかなか引っかかってくれない。打席での表情もポーカーフェイスだが、スイングでも隙《すき》がなく、残像では読み取れないタイプである。

一方、山川については、おかわり君とは好対照で、体勢が崩れても腕っぷし一本でスタンドまで持っていけるすごみがある。18年に47本塁打を放《はな》って初の本塁打王を獲得した山川は、19年シーズンも序盤から前年以上に本塁打を量産していた。このペースなら50本どころか60本も行けるのではないかと思われたが、途中から不調になり、4番を中村剛也に譲って7番に降格するなど苦しんだ。

しかし、それでも最終的に43本塁打を記録し、2年連続の本塁打王を獲得したのだから、たいしたものである。むしろ、7番にそれほどの打者がいることのほうが、相手バッテリーにとっては脅威《きょうい》だっただろう。

そして、そんな打順が組めたのは、中村剛也が4番として山川の不調をしっかりと穴埋《あなう》めできたところにある。中村は30本塁打で、パ・リーグ打点王となる123打点。山川も120打点。この2人が並び立っているあいだは、西武の打線は強力であり続けるだろう。

メジャーリーグでの活躍が期待される秋山翔吾《しょうご》、筒香嘉智《つつごうよしとも》

元埼玉西武の秋山翔吾《しょうご》は、19年オフにFA宣言。20年からはメジャーリーグのシンシナティ・レッズでプレーすることになったが、過去、日本人選手が活躍した事例から考えると、成功しやすいタイプだとは思う。

イチローさんや青木宣親《のりちか》（元ミルウォーキー・ブリュワーズなど、現東京ヤクルト）など、メジャーに挑戦した日本人選手は、どちらかというと、内野手よりも外野手のほうが好成績を残している。そして、2人とも足が速くて、内野安打を稼《かせ》げる。さらに、守備もこなせる。秋山もほぼ同じプレースタイルなので、メジャーでも通用する可能性は高いだろう。

一方、同じく19年オフに、ポスティングシステムでメジャーリーグ入りした、元横浜DeNAの筒香嘉智《つつごうよしとも》（現トロント・ブルージェイズ）は強打者タイプ。打つだけで勝負するとなると、本塁打を30本程度打つか、打点を相当稼がないと、高評価はされないだろう。日本よりも球が速い投手が多いメジャーで、どこまで数字を残せるか？

ただ、松井秀喜《ひでき》さん（元巨人、ニューヨーク・ヤンキースなど）のような日本人スラッガーの成功例もわずかながらある。だから、私自身は現在の筒香がメジャーでどのくらい

活躍できるかには、単純に興味がある。

もし、活躍するようなら、日本の強打者が現在よりも評価されることになり、後進に与える影響は大きい。未来は明るいものになるだろう。

海を越えた二刀流、「投手」大谷翔平・「打者」大谷翔平のそれぞれのすごさと攻略法

現在、二刀流としてメジャーリーグで活躍する大谷翔平。まず、投手・大谷についてだが、彼が北海道日本ハム時代、残念ながら、私は通算1打席しか対戦することがなかった。そのため、正直なところ、打者感覚としての大谷の球筋《たますじ》についてはわからない。しかも、まだデビューして間もないころだったので、球速、制球力ともに未成熟だっただろう。

もし、私が大谷のような160キロオーバーの投手を相手にするとしたら、まず、ストレートに合わせられるかどうかがポイントになる。おそらく、大谷と対峙《たいじ》するメジャーの打者も、基本は同じ対策をするだろう。

20年以降、投手として復帰した際には、ストレートの球速がどの程度回復しているかが、その後の成績を左右するものと思われる。

一方、打者・大谷翔平には、どう配球すべきか。私なら、体に近いところを攻めさせて、

死球をぶつけてもいいくらいでいく。内角へのボール球は意味がないと先述したが、大谷に対しては、そのくらい厳しく内角を攻めないと、おそらく抑えられないだろう。外角は得意なので、外角一辺倒ではキツい。

大谷攻略のポイントとしては、現状では引っ張った打球が本塁打になることがあまりないということ。打ったとしても、ライナー性の本塁打があるだけで、放物線を描くような高く上がった打球がライトスタンドに入るケースは少ない。そこに活路を見いだしたい。

メジャーの各球団も、おそらくそのくらいの分析はできているはず。19年のシーズン後半は思っていたようには打てなかったところを見ると、そろそろ、本腰を入れて攻略し始めているのかもしれない。それに大谷がしっかり対応できるかどうか。20年のシーズンは、相手チームの配球に注目すると、面白いかもしれない。

一塁走者としてとくに速いと感じた片岡治大《やすゆき》、本多雄一《ゆういち》、聖澤諒《ひじりさわりょう》

最後に、私がマスクをかぶっていた当時に、盗塁を狙《ねら》ってくることが多かった俊足選手を紹介して、この章を締めたい。

盗塁を企図《きと》するような選手は、みな俊足揃《ぞろ》いだが、とくに速いという印象が残っている

のは、片岡治大《やすゆき》（旧登録名：易之《やすゆき》／元埼玉西武・巨人、現巨人二軍内野守備・走塁コーチ）、本多雄一《ゆういち》（元福岡ソフトバンク、現福岡ソフトバンク内野守備・走塁コーチ）、聖澤諒《ひじりさわりょう》（元東北楽天）の3人だ。

彼らが一塁に出ると、盗塁やヒットエンドランなど、相手の戦術パターンが広がるため、守備側が考えなければいけないことが一気に増えて、ややこしくなる。

だが、そうだとしても、実際のところは、やはり投手がモーションを盗まれないかどうかがいちばん重要。この点は、第4章などで述べてきたとおりで、私の考えが揺らぐことはない。つまり、盗塁対策の中で捕手が果たせる役割は多くない。最大の対策は、投手に「クイックモーションをできるだけ素早くやってくれよ」と言うだけだ。その点、千葉ロッテ時代にバッテリーを組んだことがあった久保康友は超速クイックモーションができたので（86ページ、104ページ参照）、どんな走者であっても、盗塁を仕掛けられることはほとんどなかった。

仮に走ってきたとしても、年に2、3回。それも、足を上げるか上げないかのところで、ヤマカンでギャンブル的にスタート切ってくるときだけだ。

ロッテでほとんど走られなかった投手は、久保のほかには左腕のダン・セラフィニくらいだったと記憶している。セラフィニについては、一塁を守っていた福浦和也さん（現千

2010、11年の盗塁王で、著者も苦労させられた走者の1人・本多雄一。捕手ら守備陣を悩ませた。

葉ロッテ二軍ヘッド兼打撃コーチ）が、「牽制《けんせい》なのか本塁に投げるのかがわからない」と言っていたほどだったので、かなりうまかったようだ。私自身はホームベース付近にいたため、その技術のすごさはよくわからなかったが、一度、こちら（本塁方向）に顔を向けたまま、一塁へ牽制球を投げたことがあった。そのときは確かに驚いた。

逆の発想で考えたら、走者が盗塁のスタートをしてくるということは、「この投手なら走れる」と思われているからこそ。捕手の肩の強さというのは、多少の違いはあっても、プロならそこまでの差はない。むしろ、投手のクイックモーションを良くすれば、盗塁を企図される数も減る。それは、投手自身が助かることなのだ。

だから、私は捕手として、盗塁に対して必要以上に意識はしなかった。意識しすぎて二塁で刺そうと入れ込みすぎると、ミスにつながりやすくなる。むしろ、二塁送球はタッチのしやすいところへコントロール良く投げることのほうが重要なので、淡々とキチッとした送球をするだけだ。それが、「勝てる捕手」のできることだと、私は思っている。

具体的には、どのような投球であっても、捕球してから二塁ベース上の内野手に1秒95以内で送球すること。そのための準備はしっかりする。それができたときは、「これで刺せなければ、俺の責任ではない」と割りきるだけだ。

第8章

捕手的観点の「勝利へのチーム戦略」

～ベンチワーク＆組織論～

選手に考えさせるバレンタイン監督の采配《さいはい》

ここからは、私が捕手の立場から見て考えた限りにおける、「勝てるチーム」について述べていきたいと思う。

本当に強いチームとは？

それはベンチが動かなくてもいいチームだ。なにも言わなくても、選手が自分で考えてプレーする。それがすべて勝つための動きとして、とくに確認をしなくても共有できていることが大前提だ。もちろん、「勝手」を許容するベンチの度量も必要になってくる。

私の知る限り、ボビー・バレンタイン監督時代の千葉ロッテがそういうチームだった。とにかく、選手の自由度が高い。141ページでも解説したが、攻撃では、塁に出ると全員が6回まではグリーンライト。つまり、自分の判断で盗塁できるとみたら、走っていいというサインが出続けていた。だから、当時所属していた外国人選手のベニー・アグバヤニだって、マット・フランコだって隙《すき》を見つけたら走っていた。

選手の拘束《こうそく》事項でガチガチに固められたチームであれば、盗塁の隙を狙《ねら》おうなどと考える必要はなかっただろう。それがグリーンライトだと、足の遅い私ですら考えていたほどだから、ツヨシ（西岡剛）あたりはずっと「行け、行け」と言われていただろうし、自分で考える機会が多かったはずだ。

　選手が自分で考えるようになると、いくら自由度が高いからといっても、暴走はしなくなる。例えば、初回からなんの根拠もなく走ってアウトになろうものなら、さすがに「バカか！」と言われる。だから、成功する「策」を考えるわけだ。ベンチが策を用意したところで、実際にやるのは選手。選手が個々に考えられるようになれば、そのチームは強くなるに決まっている。

　ボビーは、進塁打のサインのときも自由度が高かった。手段は問われない。ノーアウトランナー二塁の場面ならば、ランナーを三塁に進めること。典型的なのはセカンドゴロ、ファーストゴロなどの右打ちだろうが、相手投手との相性が悪くて自信がなければ、自らバントをしてもいい。極端な話、右打ちは難しいと判断してレフト前ヒットを狙ったとしても、目的が果たせるならば、それでOK。さらに言うなら、相手投手との相性が良くて打てる自信があれば、ライトにホームランを狙ってもいい。それぐらいの自由度があった。進塁打のサインでホームランを狙うというのは滑稽《こっけい》に思えるかもしれないが、それが結果的に深いライトフライとなって、タッチアップで進塁打になれば、なにも問題はないということだ。要は、「お前が得意なやつをやれ」という采配《さいはい》で、私たちは鍛《きた》えられた。

ただし、引っ張った打球がサードゴロになってランナーが釘《くぎ》づけになければ、「バカか！」となる。バントや右打ちを狙ったにもかかわらず、結果的にランナーの進塁が失敗に終わった場合も言い訳はできない。選手も、なにを選択するか試されているのだ。

もちろん、バントのサインが出ることもあったが、ノーストライクからは、よほどの場面でない限りはなかったと記憶している。「初球なんて、だいたいアウトコースなんだから、それを踏み込んでライトに打て！」ということだ。「その代わり、1ストライク取られたら、バントで行くよ。1球で仕留めてね」といった具合である。

2007年ごろには、一時期、1番・西岡、2番・里崎という打順もあった。6回まではグリーンライトだから、ツヨシもガンガン走る。もちろん、ツヨシの盗塁が失敗しそうなときはケアするが、盗塁するまで待たなければいけないルールはなかった。むしろ、ボビーは、「ツヨシが一塁にいれば、アウトコース中心のリードになる。サトはアウトコースが得意だから、初球からヒットにしてしまえ。そうすれば、一、三塁の大チャンスだ」と言っていた。

逆に、ノーサインでバントをして怒られたこともある。私自身はセーフティーのつもりだったのだが、送りバントに見えたのだろう。それを伝えると、ボビーは、「確かにサトが言わんとするところはわかる。じゃあ、やってもいいけど、1アウトのときはやめてくれ」と。要は、「お前にそんなこと、求めてないよ」というメッセージだった。

バレンタイン監督による、選手の思考力を高めた「勝てるチーム」作りで、千葉ロッテは日本一に。

エンドランはゴロを打ってはいけない!?

ボビーの戦術で最も印象的だったのは、ヒットエンドランのときだ。エンドランと言えば、一般的にはフライアウト厳禁、ゴロを打つのが使命と思いがちだが、ボビーの考えはまったく逆である。

「ノーアウト一塁の場面でゴロでの進塁が欲しいなら、バントをさせる。そのほうがリスクは少ない」

ヒットエンドランのいちばんの目標は、ノーアウト一、三塁にチャンスを広げることだ。その前の優先事項として「ゴロを打つこと」が使命になると、たいていは無理やりゴロにして、1アウト二塁になるのが関の山。当てにいくと、併殺《へいさつ》のリスクも生じてしまうのだ。だから、ノーアウト一、三塁にするために、フルスイングでいい。攻撃的なエンドランだった。

普段から考える習慣が身につくと、不測の事態にも対応できるようになる。

こんな場面があった。ノーアウト一塁、ランナーはフリオ・フランコで、私の打順。エンドランのサインが出ていたのだが、フランコは気づいていないのか、走っていない。それを見た私は、とっさに打つのをやめた。普通のチームなら、ランナーが走っていなくても振らないと怒られる。次の球も、フランコはエンドランのサインに気がつかず、カウント1－1。ベンチもフランコは気がついていないと察知して、エンドランのサインは消えた。そうしたら、3球目、基本グリーンライトだから、フランコが走ったのだ！　そのわりにはスタートも加速も今ひとつなので、もう打つしかない。結局、ライト前ヒットとなって、一、三塁にチャンスが広がった。単なる結果オーライに映るかもしれないが、日ごろからサインだけでプレーせずに視野を広げていたことが、好結果に結びついたのだと思う。

選手の自由度が高いと得られる恩恵は、ほかにもある。普段からベンチの指示待ちにならないから、どんなサインが出ても動揺しなくなることだ。なにも考えずに打席に向かうと、普段やらないようなプレーのサインが出たときに動揺してしまう。動揺すれば、そのサインどおりのプレーを成功させる確率が下がるだけでなく、最悪、サインミスだって起こりかねない。ところが、普段から「なんのサインが出るか？」という可能性について、いろいろ考えながら打席に向かう習慣がついていると、すべては想定していた範囲内におさまる。心の準備がしっかりできているので、失敗する確率を低く抑えることができていたと思う。

誤解を招かないように説明しておくと、ボビーが監督だったときに出るサインは、自由度が高いからといって、選手の好き勝手にできる大雑把《おおざっぱ》なものだったわけではない。むしろ、日本人監督以上に、かなりきめ細やかなものだった。

例えば、先述した進塁打のサイン。あの場面では、普通の監督だとノーサインだ。一見、自由に思えるが、打席の選手は、本当に好きなように打っていいのか、進塁打を狙うのかが判断できない。選手任せにすることで責任をのがれることが前提のノーサインなのだ。

ヒットになれば、結果的に責任の所在は飛んでしまうが、進塁打となった場合は、「なんで、思いきってヒット打ちにいかへんねん」となるし、打ちにいってフライアウトになれば、「あそこは、最低でも転がして進塁打やろうが」と言われる。「方法論」どころか判断まで選手任せにしておきながら、結果でものを言い始める。この空気が蔓延《まんえん》すると、最後は選手1人ひとりの思考が「結果がすべて」になってしまい、チーム全体の方向性がまとまらなくなってしまうのだ。だから、ボビーのように目的を明確にサインで伝える野球は、私にとってはありがたかった。

同じようなことは、ほかにもある。よくあるのは、勝負どころの打席で、「初球は様子見」なんてサインが出ることだ。これは一見、方法論のようだが、実はまったく意味がない。ストレートを打ちたいときに初球からストレートが来たら、どうするのか？ 様子を見たところで、2球目以降、攻め方を変えられたら、どうするのか？ それでもサインだから見逃すしかない。変なところをガチガチに固めてしまうと、逆に思考の余地を失いかねない。それどころか、初球様子見のサインに従ったのに、結局、凡退してしまうと、非難されることも。これでは、サインはベンチの責任のがれのためにあるようなものだ。

ボビーの場合は、「初球は必ずカーブを待ってくれ」というような指示を出していた。それで結果が出なくても、決して怒らない。だから、方法論に従えばいいだけだ。進塁打なら進塁、エンドランなら一、三塁など、獲得目標も明確だったので、とてもやりやすかった。

日本野球界では、大昔から見逃し三振は打ち首獄門、市中引き回しの刑に値する大罪とされているが、これもボビーは怒らなかった。「ヤマを張っていた」という理由があれば、見逃し三振も許されたのだ。

中には「もっと配球を考えて、次の球を想定していないと……」と言う人がいるが、2ストライクに追い込まれて落ちるボールを想定していたところにズバッとストレートが来て手が出ず見逃し三振になったとき、果たして結果によらず、それを許すのか。極めて疑わしい。

セイバーメトリクスで、弱いチームは強くならない

個々の選手が自分で考え始めると、チームは格段に強くなる。16年からセ・リーグ3連覇を果たしたときの広島は、選手が自分の判断でガンガン走っていた。戦術がチームに根づいてしまえば、ベンチは動かなくてもいい。18、19年とパ・リーグを連覇した埼玉西武

も、ベンチが動かずとも点が取れる。走れるメンバーが勝手に走ってくれるからだ。継投には戦術性が必要だが、攻撃でベンチが動かなくてもいいチームは、間違いなく強い。

逆に動きたくても「動けない」チームもある。巨人はその典型だろう。岡本和真《かずま》や亀井善行《よしゆき》が一塁に出たとしても、戦術を使って動かす余地は少ない。足を絡《から》めるのではなく、連打や長打で得点を狙うチーム作りなので、高橋由伸《よしのぶ》さん（元巨人）が監督だったときは、苦労したのではないだろうか。19年に3度目の監督の座についた原辰徳《たつのり》さん（同）は、恐ろしいほど鋭い選手起用の妙《みょう》によって、5年ぶりのリーグ優勝を果たしたが、見よう見まねでは、同じ結果は導けないだろう。

弱者の戦法という点では、野村克也監督もクセ者だった。「この場面で、これをやられたら、嫌《いや》だな」と思っていることをやってくる。対戦している捕手としては、想定すべきことが増えるので、やりにくさがあった。これはあくまで私の考え方だが、ひねくれている人ほど、相手の嫌がることをする。野村さんはその典型だったと思う。でも、そういう人がサインを出すのが、野球はいちばんうまくいくものだ。

結局、みんな知りたいのは、弱いチームをマジックのように強くする方法だ。そこに戦術があり、選手の自主的な思考が隠されている。だから、私はセイバーメトリクス（野球におけるデータを統計学的に分析し、選手の評価やチームの戦略を考える手法）を重視していない。数字が出てきても、それは単なる結果。材料の1つとしては面白いが、その結果に、「遂行《すいこう》された戦術」は反映されていないからだ。セイバーメトリクスに、弱いチームを強くする作用は見込めない。強くできるのならば、セイバーメトリクス全盛のメジャーリーグで、シーズン100敗するチームが生まれるはずがないのだ。

弱者が強者を倒す方法として、よく機動力が挙げられる。しかし、足の速い選手でスタメンを固めても、選手が思考しないと、ただの非力な集団になってしまう。例えば、セカンドランナーに出れば、二塁上で捕手のサインが否応《いやおう》なく目に入る。それを繰り返し見ていれば、サインは8割方読むことができた。もちろん、これを打者に伝達するのはルール違反だが、フォークや緩《ゆる》いカーブのサインが出たときは三盗を狙えるチャンスである。球速が遅かったり、低めにワンバウンドしたりする可能性が高い球種を読めるならば、ノーヒントの状態よりも、確実に成功率はアップするだろう。

さらに、変化球の握りであれば、基本的に二塁牽制《けんせい》もないから、リードも大きくとれる。私は足が速くなかったので活用しきれなかったが、足のある選手はもっと研究して活用すれば飛躍的に盗塁数を伸ばせるし、1アウトで三盗を決められれば得点の可能性はグッと高まる。こうした配球を読む捕手的な視点を、積極的に取り入れるべきだ。

ここ数年、ランナー三塁でのセーフティースクイズが流行《はや》っているので、それについて

捕手的視点のセーフティースクイズ

◎良い例 ランナーが一、三塁のケース

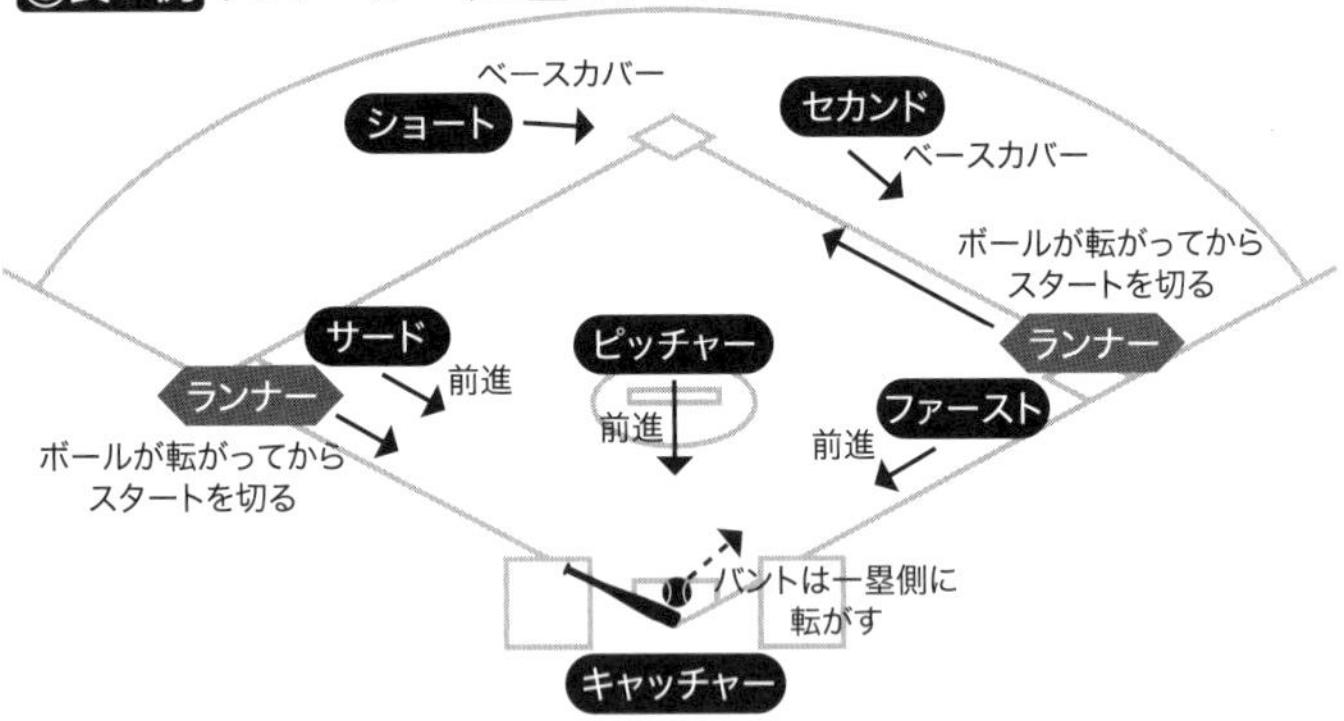

一、三塁というケースでは、ファーストがランナーをケアしてベースについているので、バント処理に向かうのが、遅れてしまう。そのためセーフティースクイズが決まりやすい。もし本塁生《せい》還《かん》に失敗しても、一塁ランナーは二塁に進むので、得点圏からの攻撃再開が可能だ。バントする側も、捕手的視点で野手の技量や動きを頭に入れて転がせば、成功確率は高まる。

△あまり良くない例 ランナーが三塁のケース

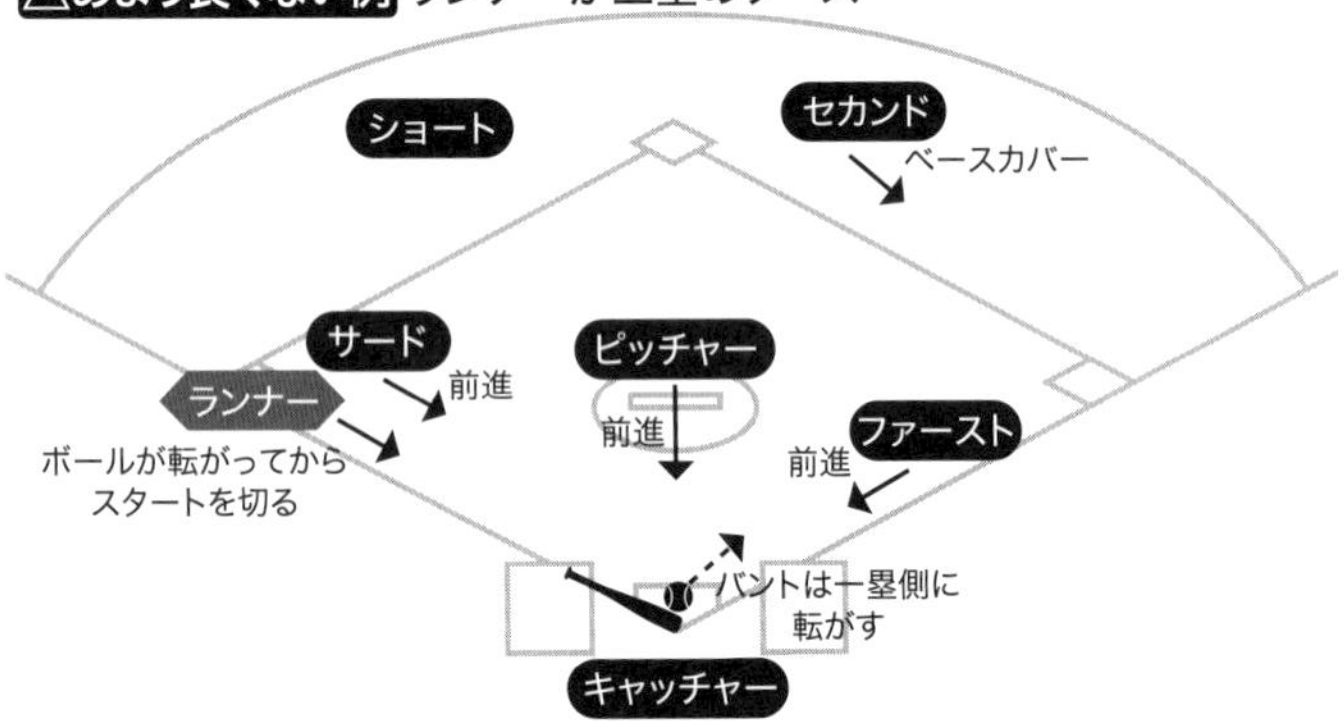

ランナーが三塁だけというケースでは、ファーストの守備位置が最初から前めで、さらにダッシュしやすくなるので、バントがかなりやりにくくなる。ランナー三塁で1点を取りにいく場合は、セーフティーではなく、通常のスクイズを選択したほうが成功する確率は高くなる。そこは、サインを出すベンチが、視野を広くとり、捕手的視点を持って勝負手を選択すべきだろう。

も触れておきたい。

通常のスクイズの場合は走者が投球モーションに合わせて本塁へスタートを切るのに対して、セーフティースクイズは打者がバントをしてから、その転がり具合を判断して三塁走者が突入するという戦術のことを言う。バントがうまくできたのを確認してから三塁走者がスタートを切るため、安全性が高いのが特徴だが、走者三塁でバントの構えをすれば、一塁手がチャージをかけてくる。そのため、中途半端に転がして、三塁走者は突っ込めず、アウトを1つ増やすだけというプレーに終わることも少なくない。捕手の視点で言わせてもらうなら、一塁手が牽制に備えてベースについている一、三塁のときにするべきだ。それなら、転がせるスペースが広いので、投手の守備力がよほど高くない限り、成功するだろう。走者三塁での敢行は、バッターのバントのハードルをむやみに上げているだけだ。

監督・コーチが捕手に意見を聞くのは、賛同してほしいから

試合中、監督やコーチがタイムをかけて、こんなことを聞いてくることがあった。

「サト、どうや、先発。もう1イニング行けそうか?」

だいたいの話の流れは見えている。私が「いや、もう代えたほうがいいと思いますけど

ねぇ。ヘロヘロなんで」と言えば、「そうか、あと1イニング頑張《がんば》ってくれ」。「いや、まだ行けると思いますよ」と言えば、「そうやな。よっしゃ、じゃあ、あと1イニング行こう」。結局、なにも変わらない。

では、なぜ意見を聞くのか？　打たれたときの言い訳作りにほかならない。あとで、「いや、キャッチャーのサトが行けるって言ったから……」と、責任のがれをするために都合良く使っているのだ。そもそも、ブルペンで誰も作ってないやん……なんてこともよくあった。もし、聞くのであれば、「今、○○と○○がブルペンで作っているけど、どっちで行ったほうがいいと思う？」というところまで託《たく》してくれないと、返事をする側のこちらとしてもあいまいになってしまう。

ボビー政権では、基本的な継投パターンがしっかりと決まっていたから、やりやすかった。5〜6回になったら、右なら荻野忠寛《ただひろ》、左なら川﨑雄介《ゆうすけ》。7回は藤田宗一《そういち》さん、8回は薮田安彦さん、9回は小林雅英さんが出てくる。先発が早めに崩《くず》れれば、高木晃次《こうじ》さんや小宮山悟さん。2人は、早めの出番がなければ、延長を見据《みす》えて待機という流れだった。ブルペンで誰が作っているのかわかるので、捕手としては、「ここで抑えておこう」「ここは無理に勝負しなくてもいいか」と、選択することができる。これはWBCのときも言っていたことだが、次に登板する投手がわかれば、捕手としても勝負のマネージメントがしやすいのだ。

ボビーの場合は、ベンチからブルペンに電話が行くまで肩を作ることさえ禁止だった。いきなり出ろということもないので、余分な準備をしないですみ、肩の無駄な消費がない。電話がかかってくるまでは、座ってモニターを見ているだけだ。

これは投手だけではなく、野手にも言えることだった。代打、代走、守備固め。使われるパターンがわかっていれば、選手は準備がしやすい。イレギュラーな交代が少ないだけで、肉体的にも精神的にも負担が減るものだ。終盤になって、「代打？　誰、誰？　俺《おれ》？」と、あわててグラウンドに出るようなことがあれば、結果も出にくいだろう。

ボビーは、キャンプでのブルペンに対するオーダーも面白かった。まず、1日100～200球なんて縛《しば》り方はしない。第一、200球投げろと言われたら、投手は最初から全力投球しようとは思わなくなる。終始全力ではないまま、ダラダラ～ッと投げ続け、握力がなくなって「終わりまーす」となるのだ。

だから、ボビー式キャンプでは1日15分という設定だった。球数ではなく、時間で制限するのである。15分で何球投げられるかというと、1球投げて捕手からの返球を受けたらすぐに投げるにしても15秒くらいかかるので、せいぜい60球程度。だから、投手は初球から全力を出す。実戦に近いトレーニングだ。もちろん、投手が必要性を感じた場合、申告すれば100球投げることもできた。だが、それには、投げたい理由をボビーに説明し、納得してもらう必要があった。

試合での投手継投において、「左右病」を患《わずら》っている監督も、捕手からするとやりにくい。右打者なら右投手、左打者なら左投手とコロコロ代えてくる人である。

例えば、右投げの藪田さんは左打者のほうが得意だったし、左投げの川崎は持ち球のチェンジアップが右打者相手のほうに効果的だった。それなのに、「左右病」に陥《おちい》って安易に投手を交代し、「俺は仕事をしている感」をアピールされても、面倒くさいだけだ。捕手の立場からすると、投手が交代するたびに、状況に応じた配球を考え直さねばならない。ワンポイントリリーフをやるならば場当たりではなく、しっかりとパターンを決めるべきである。あいまいな指示も、あいまいな采配も、結局は選手への責任転嫁《てんか》なのだ。

それで言うと、「攻めのピッチング」なんていうあいまいを通り越した謎のワードは論外だ。「攻めのピッチングに期待したい」などとコメントする関係者やファンに対しては、「そもそも攻めのピッチングって、なんですか?」と逆に問いたい。

仮にインコースのストレート、それもストライクゾーンを突くことが攻めることだとしよう。それでバンバン打たれたときに、彼らが「うーん、打たれたけど、攻めのピッチングができていたので、合格点です」などと言うだろうか? そんなコメントは、見たことも聞いたこともない。「不用意に、インコースを要求した」とか「慎重さに欠ける」といった、またもあいまいな指摘で片づけられるのが関の山だろう。

すべては、結果で論じているに過ぎない。だから、配球の優劣などつけられないのだ。

打順は、点が取れるようになるまで何度でも入れ替えるべき

先ほど（186ページ参照）「2番・里崎」の話をしたが、私自身、打順は何番でも良かった。2番で起用されたときは、一塁に西岡剛がいると、盗塁を警戒して相手バッテリーの配球がアウトコースの速い球に偏《かたよ》るため、打ちやすかったのは確かだ。

だが、基本的に打順は監督が決めるものであると思っていたので、与えられたところで自分のできることをやるしかない。

実際、4番になったからといって、急にホームランを40本も打てるようにはならないし、1番になれば猛烈に足が速くなるわけでもない。もちろん、2番になったから小技が得意になるなんてこともない。ボビーとしても、打順に合わせてスタイルチェンジを要求するわけではなく、今までどおりでいいというスタンスだった。

「強いチームは、打線が固定されている」と言われるが、果たしてそれだけが正しいとは限らない。05年の千葉ロッテは、開幕から日本シリーズまでの147試合で全135通り

のスタメンが採用された。シーズン総得点は、740点。実は平成のパ・リーグでは、18年の埼玉西武に次いで、2番目に多い。かなりの強力打線と言えるのではないだろうか。

大げさに言ってしまえば、3連覇したときの広島だって、1〜3番を打つ田中広輔《こうすけ》、菊池涼介、丸佳浩《まるよしひろ》（現巨人）の「タナ・キク・マル」から4番・鈴木誠也につなぐ流れがいちばん得点できる並びだったかどうかはわからない。ほかのチームの打線と比較して、十分に点が取れただけだ。もし、広島以上に点が取れる打線があって、チームの順位ももつれていたら、もっと試行錯誤《しこうさくご》の必要があったかもしれない。実際、当時の緒方孝市《おがたこういち》監督（元広島）は野間峻祥《のまたかよし》を1番に据《す》えた「ノマ・キク・マル」を試したりもしていた。そのときは1番の田中広輔が6番に入っていたが、それも面白い打順だったと思う。

「チャンスに打てない」「打線のつながりが……」なんて試合後にコメントしている監督もいるが、私に言わせればバカだ。自分で打順を決めているのに、それはないだろう。そんな監督に限って、次の日も同じスタメンだったりするから、嫌になる。チャンスで打てないのなら、チャンスに打てそうな選手を試すべきだし、つながりが悪いなら全体的に変えるべきだ。点が取れるのであれば、極端な話、1番・投手だっていい。

1番は足が速くて、2番は小技ができて……というのは、旧時代の打線論だ。調子のいい選手をいろいろ使って、変化しながら総合力で勝っていくチームが、結局は強い。これからの野球は、フレキシブルな打線が主流になっていくだろう。

特定の選手が全試合出場し続けるというのも、さして価値はないと思う。よく「代わりがいない」とコメントする監督がいるが、代わりになる選手を作っていないんだから、そりゃそうでしょう？　という感じだ。絶対的なレギュラーがいたとしても、バックアップを使っていかなくては、後進が育たない。その選手がＦＡなどでいなくなったときのマネージメントをどこまでやっているのか。全員揃《そろ》っているあいだは調子が良かったけど、故障で何人かいなくなったら急激に弱体化していくチームはゴマンとある。

その点をフォローできているのは、近年では福岡ソフトバンクくらいだろう。毎年のように主力選手が故障で戦列を離れているが、それでも別の選手がサラッと埋《う》めてしまうあたりは、本当にすごい選手層だと感心する。

よく右打者、左打者、右打者と、左右ジグザグ打線を好んで組む監督がいるが、これも根拠が薄い。自分を例として、相手捕手の立場として考えた場合、特別やりにくさはないからだ。ジグザグにすれば、平均得点が何点上がるというデータには基《もと》づいているならまだしも、そういった理論的な話は聞いたことがない。結局は、試合中盤以降に継投勝負になった際、ジグザグになっていれば相手チームの継投策がやりづらくなるといった程度の、さほど積極的ではない発想が大半のようだ。

しかも、主力どころの左打者は、実は左投手が出てこようと、実際にはあまり気にしていないもの。元チームメイトで、19年のシーズンいっぱいで現役を引退した福浦和也さんは、「左投手は肩を開かなくてすむから、むしろ調子が悪いときは打ちやすい」と言っていた。また、青木宣親や秋山翔吾といった、長年優秀な成績をおさめている左打者たちも、左投手をほとんど苦にしていない。

私が捕手のときは、右の藪田安彦さんが投げているときに左の代打が出てきたら、「ラッキー！」という心境だった。左打者のほうが藪田さんのチェンジアップが生きるので、むしろ配球がラクになるからだ。

18年の巨人対阪神戦で、目を疑うべきことがあった。巨人が先発投手として左のC.C.メルセデスを立てた際、阪神は右打者を8人並べた打線を組んできたのだ。実を言うと、それまでの登板において、メルセデスは左打者より右打者のほうを得意としているというデータが出ていたにもかかわらず……である。

もちろん、データがすべてではないのだが、ときおり、なぜそういう打線を組んだのかという根拠を聞いてみたくなるときがある。私の現役時代には、成瀬善久を相手に巨人がズラッと右打者を並べてきたこともあった。成瀬は右打者を料理するのが得意なサウスポーだったので、このときも内心はほくそ笑《え》んでいた。

思い出深いのは、08年の北京《ペキン》オリンピックでのカナダ戦だ。日本の先発はその成瀬。普通の考えなら、右打者を並べてもおかしくはない。ところが、カナダは捕手を除いて、左打者をズラッと並べてきたのだ。

カナダは、別に成瀬の特徴を見破っていたわけではない。アイスホッケーの本場であるこの国では、多くの国民が幼少のころから競技をしている。アイスホッケーは野球でいう左打ちの形でスティックを持つので、自然とみんな右投げ左打ちになるらしい。だから、左が並んでしまったわけだ。

このときは、さすがの私も面食らった。実際に試合が始まると、成瀬はなんとか無失点で切り抜けることができたが、打線は稲葉篤紀さんの一発だけにとどまり、1対0で薄氷《はくひょう》を踏むような勝利。非常にやりにくかったことを、今でもよく覚えている。

「名コーチ」の評価は、選手と世間のあいだにズレがある

名コーチは誰か。答えは選手によってそれぞれだ。私なら、守備は前述の山中潔さん、バッティングは福浦和也さんと答える。福浦さんは、19年いっぱいまで千葉ロッテで現役選手（18年は打撃コーチ兼任）だったが、一緒にプレーしていたときはいろいろと教わった。

周囲が「あの人は名コーチだ」と言っていることもあるが、本当の名コーチは選手が引退後、自身の野球人生を振り返ってみて、改めて名前が挙がるものだ。そういう人であれば、「○○さんのおかげで」「○○さんの教えで」「○○さんと二人三脚で、この練習をやったから」「○○さんがいなかったら、今の僕はありません」、などと、ごく自然に言葉として名前が出るはずだ。そのほかのコーチは、周囲がいくら名コーチと言おうが、「一緒の時期に、チームにいた人」である。

それとは逆に、明らかに有能ではないとわかるケースもある。キャンプのブルペンを見てほしい。ずっと投手の後ろから投球を見ているピッチングコーチ、ずっと捕手の後ろからキャッチングを見ていて、その場を動かないバッテリーコーチがいるだろう。捕手目線で考えた場合、そのようなコーチは無能と言わざるをえない。

まず、投手を見るならば、捕手側からも見るべきだ。球筋《たますじ》、変化球の曲がり方、肩の開き方などが、打者に近い感覚でよくわかる。そして、バッテリーコーチは、投手側にも立って捕手のキャッチングを見ておく必要がある。「捕手の後ろにずっといて、ミットの動きなんて見えるか!」と言いたい。要するに、どちらからも見る必要があるのだ。キャンプ見学等に行った際には、ぜひ、この点を念頭に置いて、コーチを見てほしい。

また、「コーチあるある」の1つとして、「多くの選手が、『名コーチ』というような評判のいい人は、1つの球団に長くはいられない」というのがある。なぜなら、そういうコーチはいずれ監督と揉《も》めてしまうからだ。自分の考えと違えば、「いや、それ、あの選手には合わないんで、できません」などと、監督に言ってしまう。私が信頼するのは、そういうコーチなのだが……。

同じ球団で長くコーチを務められる人というのは、確固たる指導法を持っていることももちろんあるだろうが、それ以外にも、サラリーマン的な社会の中でうまく生きていけるような柔軟な姿勢も備えていることも考えられる。それはそれで、いろいろと大変だろうが、生き残るためには背に腹はかえられないのだと思う。まして、家庭や生活のことを考えたとき、その生きざまを否定するわけにもいかない。

近年はコーチの給料が抑えられており、ハッキリ言うと、外で仕事をしているほうが稼《かせ》げることもある。だが、給料が安くても、現場に残って食い扶持《ぶち》を確保したいOBはたくさんいるのだ。このイス取りゲームは熾烈《しれつ》である。

だからこそ、自分のプライドを押し通してまで、監督とケンカしようなどとは思わないのだろう。それでクビになって、家族が路頭に迷うなんてことになったら、目も当てられなくなってしまう。

ただ、そんなコーチは、残念ながら選手からは信用されない。そして、私はそういう器用な生き方はできそうにない人間だ。だから、コーチはよほどのことがない限り、やらないと思う。

しかし、監督やフロントとしては、ピッチングコーチやバッテリーコーチの一般的な振る舞いに関して、「それでいい」と考えているようだ。例えば、セ・パ12球団のバッテリーコーチをチェックしてほしい。「捕手は経験」と言われるわりに、一時代を築いた名捕手がバッテリーコーチになることはほとんどないのである。伊東勤さん、古田敦也さん、谷繁元信さんは、バッテリーコーチなどせずに、監督やヘッドコーチを務めている。19年限りで現役を引退し、20年から巨人の二軍監督を務める阿部慎之助も、おそらくだが、同じような路線を進んでいくに違いない。

そもそも、バッテリーコーチに限らず、コーチは監督と選手のあいだに板ばさみになることが多いので、心労によるストレスを多々抱《かか》えることになる。

現役のときに超一流だった名選手は、「贅沢三昧《ぜいたくざんまい》さえしなければ、死ぬまで生きていけるお金はある。それなのに、なぜ板ばさみになって苦労をしなくてはいけないの?」と、内心思っているに違いない。

それに、監督だって、超一流の捕手がバッテリーコーチだったら、口うるさくて、嫌になってしまう。よほどの信頼関係がない限りは、うまくいかないだろう。

通信簿を作り、スカウトと現場の責任の押しつけ合いに終止符を!!

勝てない原因を監督に押しつけるのは簡単だ。しかし、かわいそうになることもある。弱いチームの諸悪の根源は、駒が足りないことに尽きる。勝つためには監督だけでなく、編成やスカウトにもしっかり責任をとらせるべきだ。

ところが、日本のプロ球団では、成果が出ないからといって、スカウトや編成が総勢で責任をとるような光景は見られない。これは捕手というか、一般的な社会の視点から考えてもおかしい。

実際には、スカウトが「いい選手を獲《と》ってきたのに、現場が育てられない」と嘆き、現場は「こんな使えない選手を獲ってきやがって」とボヤいている。責任のなすりつけ合いだ。しかし、獲得してきた選手たちは、アマチュアでは結果を残している。だから、どちらかというとスカウトの意見のほうが信用価値は高く、大がかりな責任問題までには発展しないようなのだ。私はグラウンドにいたので、どちらが正しいのかはハッキリ判断できないが……。

結局のところ、いちばんの問題は、具体性のある明確な評価がスカウトになされていないところにあると思う。それを改善するため、私はスカウトの際、選手評価の通信簿を作るべきだと考えている。

投手であれば、いちばん簡単なのは球速。平均で150キロ以上出せるなら「S」、145キロ以上150キロ未満で「A」、140キロ以上145キロ未満で「B」とランクを作り、事実のみを淡々と記述していく。マックスの球速は当てにならない。

同じようにクイック、牽制、フィールディングなどもランクづけしていく。常に牽制でアウトを狙えるなら「S」、常にいいダッシュとグラブさばきのフィールディングがあるなら「S」、イップスの気《け》がある「D」など。変化球にしても、持ち球を並べても意味はない。9回2アウト満塁、2ボールから投げられる変化球はなにがある、というところまで明文化していくのだ。数字が出せるものは、もちろん数字で。そうでないものの評価は、「アマチュアとしては」という視点ではなく、あくまで「プロとして」でないと、意味はない。

こうなると、スカウトは「現場が育てきれなかった」という言い訳が通用しなくなる。そもそもキャンプの時点でこの評価とズレが生じていれば、スカウトが無能ということになるからだ。例えば、アマチュア選手には、プロへ行きたいがために、スペックに下駄《げた》を履《は》かせてアピールする場合がある。50メートル走のベストタイムが本当は6秒2なのに、5秒9としてしまうケースなどがそうだ。もし、スカウトがそれを鵜呑《うの》みにしているようであれば結果にあらわれるので、一発で調査能力に疑問符がつくだろう。

そのほかに、通信簿には、獲得した選手の「どこをどう伸ばせば、何年後にどうなるか」までを責任を持って明示させる。そうすれば、逆に、現場が育てられなかったり、壊してしまったりするケースなども、わかりやすい。そもそも、入団した時点で能力が不足していたのか？　それとも入団してから伸びなかったのか？　責任を明確にすることが重要だ。

また、スカウトの能力を査定する手段として、毎年、各人がおすすめのドラフト候補をポジションごとに5人挙げるというのはどうだろうか？　全国的に注目されている選手を除いて、自分の担当地域から一押しの選手を5人ずつ挙げる。獲るか獲らないかは別として、他球団に入った選手を含めて、その5人が活躍するかどうかまで追いかけて記録して、後年、評価する。それだけでも、スカウトの力量は、今以上に明確に測ることができるだろう。

現状のスカウトの配置を見ていると、専門性が必要な部門について、あまり考えられていないようにも思う。各地域の担当者は元選手であることがほとんどだが、野手の出身で投手や捕手を評価するのには無理がある。そこは担当の地域を飛び越えて、投手畑や捕手畑のスカウトが見に行くようにしたほうがいい。

ドラフトの評価は3年後、5年後……と言われるが、これも怪《あや》しいものだ。その年に獲った選手が主力に成長すれば、成功と言われることが多い。一軍登録が29人で、そのうちケガをしない限りメンバーに入っているような主力は、15人といったところだろう。この15人のラインナップがほかのチームに比べてヘボかったら、チームは苦しくなってくる。監督がいくら戦術を浸透させても、頭打ちを食らってしまう。

こうした現状の不可解な慣例について、編成とスカウトが根本からやり方を改善しない限り、強いチームを作るのは難しい。逆に言えば、改善の余地があるということ。変なしがらみにとらわれず、早期に着手すれば、すぐ結果になってあらわれると思うのは私だけだろうか。

「里崎式」キャンプメニューを提案したい

プロの選手として16年間現役生活を続けたが、「キャンプの練習は、意味のないものばかり」という感覚は、最後まで続いた。

まず、投手がブルペンで200球投げ込むことに意味はあるのか？　先にも触れたが、最初から200球投げるとなると、1球目から全力でなんて投げない。7〜8割の投球を適当に織りまぜ、「はい、合わせて200球」としたところで、なんの意味もない。もし、「そんなことはない。全力で投げている」というのなら、「ブルペンで200球投げられるのに、試合では100球前後で疲れるのはなぜ？」と聞きたい。

紅白戦による実戦形式を前面に出す監督もいたが、それも疑問符がつく。主力選手にとっては、紅白戦は勝っても負けてもなんにもないからプレッシャーにならず、流して試合をしているだけになってしまう。

ただ、「実戦に勝《まさ》る練習はない」という考え方には同意できるので、やるならもっと特化すればいい。例えば、紅白戦を利用して、バントだけのゲームや、バントからヒッティングに転じるバスターエンドランのゲームといったショートゲームを徹底して行う。シーズンが始まってから、バントしろ、バントしろと気色《けしき》ばむぐらいなら、キャンプでそのぐらいやればいいのだ。

また、普通に紅白戦をする場合でも、私ならリーダー3人を集めて、キャンプ前日にドラフト会議をさせる。現在の千葉ロッテであれば、角中勝也《かくなかかつや》、石川歩《あゆむ》、田村龍弘《たつひろ》あたりをA班、B班、C班のリーダーとしてチームを編成させ、紅白戦でも1クールごとに競《きそ》わせる。そして、最下位になったチームは、次クールで全員2人部屋に泊《と》まらせるのだ。そこは、角中や荻野貴司などのベテランであっても、例外は認めない。昨今のキャンプは1人部屋が主流なので、2人部屋は選手にとってかなり堪《こた》える。これだけでも必死になるはずだ。チーム分けのドラフト会議では、信頼されている選手から獲得されていくので、選手同士のつながりも見えてくる。

全体練習をするにしても、もっと濃密にする。まず、朝8時開始の「A班」と、10時開始の「B班」に分ける。ウォーミングアップは各自で開始までにすませ、A班は2時間バッティング。10時から2時間特守を行い、午後は個別練習とする。そして、B班はA班を追いかけるように、10時からバッティング、12時から特守、以降は個別練習。時差を作ることで待ち時間が短縮され、効率的な練習になるはずだ。

現在のキャンプは、とにかく、あまりにも暇《ひま》な時間がありすぎる。バッティング練習に長い時間を設定しているが、実際に打っているのは1人15分くらい。それ以外の選手は、順番を待つあいだ、グラウンド脇で暇つぶしのバント練習やティー打撃をしているが、身になっているとは思えない。私が指導者の場合、2時間半のバッティング練習のときはメインも室内も使って、効率良く回して、とことんバットを振らせる。

そして、夜間練習では超ヤバい、「ノルマを達成したら、即、終了」のゲームをするのだ。ドラフト会議をした3班に分かれ、例えば、投手も含めて、全員が10球バントを成功すれば、終了。一発目で全員できたら、ものの20分程度で終わるだろう。それが終わったら、次は全員が10球連続でバスターエンドランのバッティングをする。グラウンドに「この範囲」という線を引いて、ゴロを打つ。それも、10球連続全員が成功したら、終わり。この2つがすんだら、この日の夜間練習は終わりである。

逆に、10人目が10球目を失敗したとしても、すべてはリセットで1人目からやり直しとする。順番は最初に自由に決めるが、失敗したら、その選手がいちばん最後に回る。高校野球ではありがちな連帯責任的なゲームだが、プロになると、こういうプレッシャーが徐々に薄れてくる。だから、いつのまにやら遊びみたいな感覚でやるようになってしまっているので、そこに刺激を与え、練習であってもできるだけガチでやらせるのだ。実際のところ、マシンの球だから、プロならバントでもバスターでも楽勝なはず。いや、できなくてはいけない。だから、できなかったら、できるまで本当に寝かせない。

結局、プロはプレッシャーのかかる場面でいかに持っている技術を発揮できるかという部分が勝敗を分ける。だから、こうした練習をしていれば、「試合になったとき、バタバタせんやろ?」ということだ。

だから、できるようになったら、ハードルは上げていく。マシンで短い時間でできるようになったら、人に投げてもらうようにする。それができるようになったら、変化球をミックスさせる。ここまでやれば、意味のあるキャンプになるだろう。

とにかく、日本野球界には意味のない練習が多すぎる。試合前のシートノックなども、その典型だ。ボビーは必要最低限のノックしかやらなかった。ナイターの翌日のデーゲームとか、移動当日のナイターはノックなし。そもそもメジャーリーグでは、シートノックを

キャンプで夜間練習を行う著者。解説者となった今、夜は超ヤバいが意味のあるゲームを提案。

しないし、日本だって真面目《まじめ》にシートノックしているチームを見たことがない。球場ごとに異なるバウンドの跳《は》ね方など、グラウンドのクセを知るためであれば、3連戦の初日に確認すれば、すむ話だ。ましてや、捕手の立場からすると、ほぼほぼノッカーにボールを渡しているだけである。送球を捕ったり、各塁にスローイングはしたりするが、控え捕手に至っては、実際に出場して同じ動作をするとしたら、2時間くらいあとの話。その時間、休んでいたほうがパフォーマンスには好影響だ。

それと関係あるかどうかはわからないが、ボビーが連れてきて、04〜09年に千葉ロッテでベンチコーチを務めたフランク・ランペンは、ノックがメチャクチャへただったことが思い出される(笑)。

もし、私が監督だったら…

私は引退後、ファンからよく、「いずれは監督をやってください」とお願いされることがある。だが、こればかりは誘いがなければできないことだし、現実的には、今のところ難しいだろうと思っている。なぜなら、もし、監督のオファーが来たとしても、私の望むとおりに条件を揃えてくれない限り、引き受けるつもりがないからだ。受けるからには、基本的に全権委任として自由にやらせてもらいたい。そうでなければ、私が監督をする意味合いも薄れるだろう。

では、自由にやらせてもらえるとして、私が監督を引き受けることになったら、具体的になにをするのか？　まずは、監督、コーチの報酬のシステムを変えたいと思う。

現在の野球界の問題点の1つに、監督やコーチのノルマ設定がないということがある。ある監督が新規に就任したとして、今年何位であれば合格なのか？　それが明確でないので、釈然としないまま辞任に追い込まれるケースが生じるのではないだろうか。

一般的な社会においては、ほとんどのところでなんらかのノルマ設定があると思うのだが、例えば、プロ野球の監督の報酬は、1年ごとに上がったり下がったりはしない。選手は単年契約の選手が多いというのに、おかしな話である。

そこで、監督の契約については、ベースとなる報酬を設定しておいて、「リーグ優勝なら、○円」「クライマックスシリーズに出場したら、○円」「日本一なら、○円」などという、インセンティブ契約をつけて、すべて達成できたら3～5億円になるようにする。そうすれば、必死さも違ってくるだろう。今、挙げた例はざっくりしすぎているので、実際には選手の契約と同じように、事細かに決めれば良い。

もちろん、コーチも同じだ。「チーム打率を○割にした」「30本塁打以上の選手を○名出した」といったような条件を複数設定することで、仮にベースが安かったとしても、やる気が違ってくるはずである。

こうしたことをしないから、能力によって契約するのではなく、球団の上層部が替わったら、監督がクビになる。監督が替わったらコーチがクビになる、という摩訶不思議《まかふしぎ》な事態が発生する。だから、生き残るためには、野球界をうまいこと渡っていかなくてはならない……となるのだと思う。これでは、コーチをしていても、魅力もなにもないだろう。

チームが優勝しても、監督、コーチの給料は据《す》え置き。それが終身雇用というのであればまだいいが、翌年、理由なき理由でクビになることもある。本当におかしな話だと思う。

ノルマ的なインセンティブ契約を多数つけるシステムにした場合、目標の多くを達成できなかった監督やコーチを退任させることもしやすいと思う。そういった利点もある。

加えて、コーチは基本的に、公募制にする。「公募制なんかにしたら、人が集まらんて」と言う人もいるかもしれないが、このシステムで応募してこない指導者は、逆に無能の証《あかし》だ。簡単に言えば、「ノルマを達成したら、インセンティブで最大1億円になるよ」と明かしているのに、応募してこないということは、自信がないと受け取られても仕方がない。むしろ、そんな人には来てくれなくてけっこうである。

このシステムにすれば、コーチ同士で仲が良いか悪いかなんて関係なくなる。いがみ合っている場合ではない。自分が結果を出すために、監督が黙っていてもやるべきことを遂行するようになるはずだ。

1つだけ懸念《けねん》事項があるとすれば、結果の出ない選手をコーチが使いたがらなくなるという点だろう。選手が成績をあげないとコーチの報酬もアップしないとなれば、本来、育成しなくてはならない選手に見向きもしなくなる可能性は出てくる。

その点は、球団のほうで経験を積ませるべき選手をしっかりと指定するべきだろう。そのうえで、「この選手については、育成指定選手としてインセンティブの対象とはしない。成績が悪くても、あなたの給料に影響はないので、年間○打席立たせるように」といった基準を明確にすればいい。

大まかだが、こうしたシステムにすれば、おのずとチームの成績が向上して、勝てるチーム作りができるのではないかと考えている。

ただ、私にとってはベストと思えるこのシステムも、現実には導入は難しい。従来どおりのスタイルで監督をやってくれ、となった場合は別の話だ。その場合は、能力集団になるよりも、気心の知れた信頼できる人で固めて、コーチングスタッフを組みたい。基本的には、全員、「お友だち」でやりたいくらいだ。

そのためには、コーチの報酬に対する予算をすべて私に任せてもらう。それを配分する形で私が自分で交渉して、入閣してもらうようにする。

こんなことを言うと、「なんだ、里崎も自分のまわりをイエスマンで固めるんじゃないか！」と思うかもしれない。また、社会の一般論としても、「違う意見の人を組織に入れたほうがいいのでは？」という意見があるのも理解している。

しかし、意見の異なる人がチームにいると、結局は反目《はんもく》することになり、謀反《むほん》を起こすものだ。それに、監督の立場から考えても、反論してばかりのコーチが初めから近くにいたら、正直、鬱陶《うっとう》しくて仕方がない。チームの成績が悪ければ、シーズン終了前の秋口から、コーチ内で来季の生き残りをかけた派閥争いが始まってしまうのが目に見えている。

だから、最初から気の合う者と一緒にチームに入り、監督が責任をとってやめる場合は、一緒に去ればいい。そのほうがよっぽどスッキリしている。それに、ある程度、理論と戦略が同じ方向の考えの人でないと、最初から水と油では、議論すら生まれないものだ。

そして、コーチ陣が決まれば、私は監督としてディレクションを伝えるのみ。「こういった方向性で、指導をお願いします」として、あとはコーチに任せてしまう。自分が捕手出身だからといって、直接、捕手に指導することはない。あとは、一般社会でも言われている報告、連絡、相談の「ホウ・レン・ソウ」で連携を維持。私は、本分である監督の仕事、ラインナップを決めたり、戦術の判断と決断をしたりするなど、マネージメントに徹したい。

なぜ、このようなことを提言するかというと、1つは私自身が人に一から教えるということは合っていないというのがある。「自分のためでもないことに、なんで必死にやらなあかんねん」という性格なので、これはどうしようもない。

だが、大真面目に考えている部分もある。現役生活を通して、「日本のプロ野球の監督は自ら口出しして教えすぎではないか？」という疑問が、ずっとついて回っていたのだ。そこは、そのためにいるコーチに任せればいい。

だから、私は、コーチに対してはかなり厳しいことを要求すると思う。結果が出なければ、コーチが怒られてばかりで、むごいことになるかもしれない。役割を果たせていなければ仕方のないことだが、それ以前のディスカッションをしっかり行い、好結果を導けていれば、逆になにも言うことはない。

最初に提言したノルマ設定を課したインセンティブ契約としてコーチを公募するシステムにしても、あるいは、コーチ予算を任されて「お友だち首脳陣」を作るやり方にしても、共通しているのは、なにより勝てるベンチワークを維持し続けるということ。それが、いちばん重要なことだ。そして、大前提なのは、なによりも「自分の思うようにやるべきである」ということ。プロ野球の監督は、結局のところ、結果が出なければ責任を負って、やめなくてはならない宿命なのだから。

特別対談
後編

森 友哉 × 里崎 智也

「打てる捕手」の打撃論 &「無敵捕手」への道

捕手ならではの打席での準備

「俺《おれ》は直球待ちの変化球対応ができない場合、データなどをふまえて狙《ねら》い球を絞《しぼ》る」──里崎

「僕は頭の中は変化球想定でも、タイミングはストレートを待つ感じです」──森

里崎　ここからは、捕手である我々２人の立場から、相手の持ち球の把握《はあく》や配球の読みなどを絡《から》めながら、打撃を語っていこうか。

森　はい、よろしくお願いします。

里崎　森選手は今、打席での対応はどうしている？　俺《おれ》の場合、ストレートを待っていて変化球に対応できるレベルの投手のときは普通に打てばいいだけなので良かったけど、それが無理な場合が出てきた。それこそ、松坂大輔をはじめとして、斉藤和巳や杉内俊哉、ダルビッシュ有、田中将大といった、当時のパ・リーグのエース級に対しては、ストレート狙《ねら》いの変化球対応が難しいと感じたんだよ。そこで、結果を出すために、データやクセ、イニングや得点差、カウントといった様々な状況をふまえるなどして、狙《ねら》い球を絞《しぼ》っていくようになったね。

ときには、ここぞという勝負どころで、一か八かのヤマを張ることもあったよ。それが

当たって打てたときもあれば、見事に外れてまったくダメだったときもあったけど、結果についていては割りきるしかない。とにかく、全投手に対して、ストレート待ちで変化球に対応することができるならそれがいちばんだけど、俺の場合はできなかったから、そうするしかなかったということやね。

森　僕の場合は、変化球をあえて待って、その変化球を完璧《かんぺき》に打つということが、どうしてもできないんですよ。待っていた球種で「来た！」となると、かえって力が入ってしまうんですかね。

里崎　わかる。

森　頭の中では変化球を想定していても、タイミングのとり方としては常にストレートを打つつもりでいかないと、うまく打てないんです。だから、基本的にはストレート待ちで、1、2、3のタイミングで振っています。

里崎　体が勝手に対応しているということ？

森　そういうときもあります。けど、相手投手の球種は頭の中にすべて入っていて、状況によって「変化球が来そうやな」という想定はしつつ、あくまでも常にストレートのタイミングで待つという感じです。だから、変化球をまったく意識していないというわけではないです。

里崎　なるほど。タイミングのとり方として……ということやね。それと、やはり相手の球種や攻め方はしっかり頭の中に入れていて、整理ができているね。一見、なにも考えずに感覚だけで打っているように思われがちだけど、今どき、絶対にそんなことはないと思っていたんだ。

森　そうですね。やっぱり相手投手の持ち球は整理しておかないと、わけのわからないボールが来たときに戸惑《とまど》いますから。データにないボールを投げられたら「なに、今の球？」となります。

　そのことが頭に入ると、よけいなことを考えてしまい、打てるはずのストレートに差し込まれてしまったりしますよ。打席に入る前には、ある程度ひととおり、整理しておくようにしています。

里崎　そら、そうや。現代の野球で、本当になにも考えずに打席に入ってタイトルを獲《と》る選手なんていないよな（笑）。

森　そう思います（笑）。

里崎　とはいえ、形としてはあくまで、「ストレート待ちの変化球対応」ができているんだよね。一軍のトップレベルの投手を相手に、それができてしまう森選手のバッティングは理想的だと思うよ。

ホームランは狙っては打てない

「ホームランを狙って打ったのは、ほぼない。オールスターのときくらい」──森
×
「球種を狙い打ちして、その結果がホームランになったことがある程度」──里崎

里崎　森選手は、ホームランを狙って打ったことはある？

森　いや、ほぼほぼ、ないですね。やはり、最初から狙うと力が入ってしまって、いい形でとらえられないです。過去に狙ったことがあるのは、オールスターのときくらいじゃないですかね。

里崎　2018年に京セラドーム大阪で、当時、中日だった松坂から打った1本か。MVP（最優秀選手）を獲ったときやね。すごい弾丸ライナーだった。

森　はい。憧《あこが》れていた松坂さんだったので、このときだけは最初から狙っていました。オールスターで言えば、翌19年にも東京ドームで広島の大瀬良《おおせら》（大地《だいち》）さんから打ちましたけど、このときも「ホームランか三振でいい」という気持ちで打席に入っていたので、狙っていたことになりますね。そうしたら、うまいことジャストミートできて、ホームランになってくれました。

里崎　ということは、あくまでも普段の基本は、「ヒットの延長がホームラン」という考え方ということやね？

森　そうですね。結果的にいいスイングができればホームランになるという感じです。山川（穂高）さんは、娘さんが生まれた日のゲーム（19年5月15日、福岡ソフトバンク戦）で、娘さんのためにホームランを狙い、実際に1試合に2本打ちました。あれはすごいと思いましたね。僕はちょっと難しいと思います。

里崎　と言いつつ、オールスターで狙って、本当に打ててしまっているわけやから、それ自体、すごいと思うけど（笑）。俺もホームランを狙うというよりは、球種を狙い打ちして、結果がホームランになったことがある程度かな。

ボールコンタクトに優れているからこその首位打者獲得

「見ていると、年々、場面に応じてボールコンタクトがうまくなっている」——里崎

×

「フルスイングは減っていて、逆方向を意識しての軽打も大事と思います」——森

里崎　森選手と言えば、フルスイングがおなじみだけれども、バッティングフォームを見ていると、年々、場面に応じてボールコンタクトがすごくうまくなってきている。フルスイングだけではない成長を感じるけど、そのあたりは、自分でどうとらえている？

森　見ている人からすると、僕がいつもフルスイングしているようなイメージがあるのかもしれません。でも、実際には、そんな打席は減っています。バッティングの状態が上がらないときにカウントが3ボールノーストライクになったりしたら、フルスイングするというか、空振りしていいから思いきり振るということはありますけど。それ以外、120％のマックスでスイングするということはあまりないです。置かれている立ち位置としても、ホームランではなく、しっかりつなぐことが自分の役割だと思っているので。逆方向を意識して軽打することも大事やと思っています。

里崎　2年目の15年は三振が3ケタ（143）だった。それが、現在のボールコンタクトの良いバッティングにつながった部分はある？

森　三振して気持ちいい打者というのは、誰もいないと思うんです。「三振したくない」というところでバットを短く持ったり、逆方向へおっつけたりしていくうちに、今のスタイルになりました。

里崎　状況に応じた対応をしなくていいのは、4番打者くらいだからな（笑）。でも、その意識を持つことは、ある意味当然のことだけど、それをしっかりと実践して、結果を出せたというところがすごい。首位打者になれた理由が理解できたよ。

2019年にパ・リーグの首位打者&MVPを受賞した森友哉だが、フルスイングする機会は減少中。

生まれ変わったら捕手をやりたいか？

「いちばんやりたくない。自分の結果で一喜一憂《いっきいちゆう》できる内野手がいい」──森

「俺もやりたくない。断然、好き勝手できるピッチャーがいい」──里崎

里崎 森選手は、生まれ変わったら、また捕手をやりたい？ これ、捕手をテーマにした本やけど、正直なところ、俺はやりたくない（笑）。

森 僕もです。いちばんやりたくないですね（笑）。

里崎 俺は野球を最初に始めたときから自然な流れで捕手になってしまったので（236ページ参照）、別に志願してなったわけではないし。

森 僕は中学2年くらいまでは投手や内野も兼任していましたけど、捕手もわりと早くからやっていて、やはり流れで捕手専任になっていました。

里崎 捕手じゃなかったら、どこのポジションをやりたい？

森 僕は、う～ん、内野手っすね。

里崎 なんで？

森 格好いいっす（笑）。それに、役割があるじゃないですか。例えば、山川さんだったら、

極端な話、ホームランを打てば役割をほとんど果たせるわけですよね。源《げん》(源田壮亮)さんは守備がうまいので、あとはちょろっと打てたらいい……。

里崎 今、「ちょろっと」って言うたな(笑)。

森 いやいや、野手の場合は、自分の結果で喜怒哀楽《きどあいらく》を出せるのがいいじゃないですか。仮に山川さんがホームランを3本打ったとして、その試合に負けても、絶対うれしいと思うんですよね。

里崎 3本も打てばね。

森 でも、僕、1試合に3本ホームランを打ったことが実際あったんですけど(19年7月27日、福岡ソフトバンク戦)、その試合は負けたんです。全然、うれしくなかったですからね(笑)。野手は自分のプレーの良い悪いで喜んだり落ち込んだりできるからいいな、というのはあります。僕も自分のプレーだけで素直に喜怒哀楽を出したいです。

里崎 そこが、野手と捕手との大きな違いだよね。やはり、チームが勝つことがいちばん評価されるし、自分でも納得がいく。逆に、自分が打たなくても、勝てたら満足する試合もあるから。複雑な気持ちになることもあるのが、捕手というポジションの宿命なのだと思う。だから、俺は、生まれ変わったら、断然、ピッチャーをしたい。お山の大将になって、好き勝手やりたいね(笑)。

「生まれ変わったら、捕手はやりたくない」という考えは一致している2人だが、「捕手的視点」の打撃論、さらに捕手というポジションの厳しさ、ジレンマ、面白さなどについても深く語り、再確認し合った。

「打っている」「勝っている」をさらに凌駕《りょうが》する捕手を目指して

「バッティングで評価されている部分が大きいので、守りで評価されたい」――森

×

「ゴールデングラブ賞を獲れば、『無敵の捕手・森友哉』が完成やね」――里崎

里崎 いろいろ話したけれど、盗塁阻止やバッティングなど、考え方に共通点があるなと、改めて知ることができたよ。生まれ変わったとしたら捕手はやりたくないというところとかも(笑)。

森 そうでしたね(笑)。

里崎 最後に未来についての話をして締めようと思うけれど、森選手は捕手としてほぼ1シーズン出場したのは、19年が初めてで、まだまだこれから。にもかかわらず、そのシーズンで首位打者のタイトルを獲得して、チームもリーグ優勝も経験することができた。野球人生の早い段階で得られるものを得ながら、今後さらに成長もしていけるという状況は、すごくうらやましいよ。俺は得られるものはなかなか得られない中で成長して、ようやく得たという感じだったけれど、森選手の場合は、あとはひたすら伸びていくだけだから。もちろん、レギュラー捕手としては実質スタートしたばかりなので、できないことはまだた

くさんあると思う。でも、それはできなくて当たり前だし、これから練習してできるようになっていけばいい。そうなれば、もう、待っているのは最強しかない。もっとすごい捕手になれるよ。

森　はい。せっかく捕手をやっているので、すごい捕手像を目指してやっていかないといけないですよね。それに、今はどちらかというと、バッティングで評価されている部分のほうが大きいと思うので、できれば守りでも評価されるようになりたいです。

里崎　それはもう、ゴールデングラブ賞を獲るしかないで。

森　甲斐（拓也）さんがいますからねぇ……。

里崎　甲斐を抜いたら、最強やから。ゴールデングラブ賞を獲れたときに、自分が得られる自信や、捕手としての周囲からの評価はガラリと変わる。きっと、半端《はんぱ》ないよ？　そこまでたどり着いたら、この本で俺が語っている「打っている」「勝っている」という名捕手の定義のさらに上を行く、「無敵の捕手・森友哉」が完成やね。ぜひとも、それを目指してほしいな。俺だけじゃなく、多くの野球ファンも期待していると思う。

森　そうですね。そこまでたどり着けることができれば、本当の意味で、チーム、スタッフ、それにファンのみなさんから信頼される捕手になっていると思います。その信頼を早く勝ち取りたいです。頑張《がんば》ります！

第9章

脱常識！
「捕手的思考」の鍛え方

～「勝てる捕手」への練習メソッド～

小学校4年生から深く考えることなく、捕手ひと筋

本書もいよいよ最終章となる。全体を締めくくるものとして、ここでは私・里崎智也の幼少からプロ時代まで歩んできた道のりを紹介し、いかにして現在のような思考スタイルになっていったかを知ってもらおうと思う。また、本書をご覧いただいているプレーヤーの方々にとって最終目標と言える「勝てる捕手」になるための、練習に対する姿勢について私が思うところを伝授したい。

私が本格的に捕手をやるようになったのは、徳島県鳴門《なると》市にある大津西《おおつにし》スポーツ少年団という地元の軟式チームでプレーしていた小学4年生のときだった。

当時の監督に任命され、とくに抵抗もなく捕手になったが、野球自体は2年生から始めていた。そのあいだの2年はショートからスタートして、センター、またショートと動いたが、低学年だったこともあって試合に出ることはほとんどなく、練習ばかりの日々が続いた。3年生でようやく試合に出場するようになったものの、当時は低学年だったので、まだ1試合3イニング制であった。ようやく4年生から本格的な試合が始まり、捕手として

出場するようになったという経緯だ。

大津西スポーツ少年団の練習は、毎週月曜日が休みになるだけ。ほかの日は毎日行われていたが、つらくはなかった。徳島県の田舎《いなか》の小学校ということで、同学年の男子生徒は19人。一時期は、その3分の2が少年団に入っていたため、むしろ友だちと遊びに行くようなものだった。だから、楽しくて仕方がなかったという記憶しか残っていない。

大会に出場すると、地区ではたいてい優勝するほど強かった。負けるときの相手は、同じ地区のライバルチーム・里浦《さとうら》スターズだけ。小学6年生のとき、徳島新聞社が毎年主催している「こども野球のつどい」という大きな大会で7、8回勝って優勝したが、もう1つの大きな大会「全日本学童軟式野球大会」では、地区大会で我々のチームに勝った里浦スターズが優勝。この事実から、「強かった」というのがどの程度だったかわかるだろう。

小学生時代のチームメイトは、全員が能力的に秀《ひい》でていた。私は田舎のチームにありがちな「1人だけ目立っているエースで4番打者」という選手ではなく、そのため、どこでもいいからとにかく試合に出たいという思いで、与えられた捕手をこなし続けた。

中学時代は、鳴門第一中学校に進学して、軟式野球部に入った。当時の徳島県には、シニアやボーイズなどの硬式クラブチームは1つしかなかった。そのため、小学校時代に一緒にプレーした選手たちも同じ中学の軟式野球部に進み、周辺地域の5つの小学校からも集まったため、野球部は変わらず強かった。

当時の中学軟式野球の全国大会は、日本中学校体育連盟（中体連）による全国中学校軟式野球大会（全中）と、全日本軟式野球連盟によって横浜スタジアムで開催される全日本少年軟式野球大会（全日本）の2つを狙《ねら》うことができたが（現在は、1つだけしか出場できない）、3年時はいずれも徳島県大会で優勝している。しかし、全国大会に出場するには、さらに四国大会で優勝しなくてはならず、全中は香川県の古高松《ふるたかまつ》中学校に、全日本では高知県の高知中学校にいずれも決勝で敗れてしまい、あと一歩のところで届かなかった。

指導者に魅力を感じて、鳴門工業高校へ

中学卒業後は徳島県の鳴門市立鳴門工業高校（現・徳島県立鳴門渦潮《うずしお》高校）に進学。当時、鳴門には鳴門高校、鳴門工業、鳴門商業と3校あったが、中学で全国大会へあと1勝というところまで2度到達したチームの捕手だったことで、他校も含めて5校くらいからスカウトされていた。

その中で、鳴門工業の監督だった高橋広《ひろし》先生（現・神戸医療福祉大学監督）の話に心を動かされて、進むことに決めた。その最大要因は、ほかの先生が進んだ先の高校の話をし

ていたのに対して、髙橋先生だけがさらに、卒業後についても多く語ってくれたことだ。「先のことまで考えてくれてんのやな」と魅力に感じての決断だった。当時は無意識だったが、今思えば、ここでも「捕手的な観点」によって判断をしていたことになる。

常に1つ先を見越した話をしてくださる髙橋先生は、その後も私にとって恩師たる存在になるのだが、私以外にもいい大学や社会人チームの野球部に進んだ選手は多い。地方の高校は、甲子園でバンバン活躍でもしない限り、待っているだけではスカウトは来ない。ゆえに、監督や部長の人脈が大きなカギとなる。早稲田大学の野球部出身であり、後年、高校日本代表の監督や母校・早稲田大学の監督も務めることになる髙橋先生の人脈は幅広いものがあった。もちろん、最後は本人次第になるが、努力すればいい進学先、就職先があるという魅力は大きかった。

高校では、技術面以上に、トレーニングによる体力面が、飛躍的に向上した。年に何回か来てくれた専門のコーチにトレーニング方法を指導してもらい、そのメニューを日々こなすことで、入学時に50キロも上げられなかったベンチプレスは、卒業時に80キロが上がるようになった。それを起点にして、大学では100キロ、プロでは120〜130キロまで上げられるようになっていくことになる。高校でやってきたことが、プロになって花開いたところはあったと思う。

ただ、高校では、優勝を経験することはできなかった。それどころか、練習試合を含めて、私の代は勝率3割台という弱さだった。髙橋先生いわく、「俺が鳴門工業に就任してからやめるまでのあいだに受け持った学年の中で、最も弱かった」という。高校最後の大会となった3年夏の徳島県大会も初戦こそ勝ったものの、2戦目でコールド負けを喫《きっ》し、あっさり終わった。唯一《ゆいいつ》、良き経験になったのが、2年のときに、1学年上で当時地元のスター選手として憧《あこが》れていた徳島商業高校の川上憲伸《けんしん》さん（元中日、アトランタ・ブレーブス）と対戦したことくらいだろうか。

しかし、今思うと、弱かったことが逆に良かったかもしれない。中途半端《ちゅうとはんぱ》な強さで満足していたら、そのあとの成長はなかっただろう。実際、高校時代の私はどのような捕手だったか。正直に言うと、わからない。当時、私はプロ野球を見ていなかったので、「誰のようなイメージの捕手だった?」と聞かれても答えようがないのだ。さらに、チームが弱かったので、公式戦での出場機会自体が数試合しかない。これでは客観的に判断するのも無理である。投手のリードなんて深く考えたこともなく、能力だけで勝負していた。

小学校、中学校、大学、プロ、日本代表。いずれも優勝を経験した私だが、高校だけは優勝とは無縁のまま終わった。それでも、帝京大学へ進むことができたのは、髙橋先生のおかげにほかならない。髙橋先生とのつながりで、いくつかの大学のグラウンドへ出向き、練習に参加するなどしたことで、私は大学への道が開けたのだと思う。このころ、髙橋先生から、「強いところに行っても、補欠だったら、就職で困る。レギュラーになれるところのほうが就職には有利になるから、自分の能力に合ったところに行くのがベストだよ」と言っていただいたことで、私は迷うことなく、帝京大学へ進むことにした。

身体能力の高さだけで、プロの世界へ。そして、レギュラーをつかむまで

帝京大学の野球部は、首都大学リーグに所属していた。東海大学や日本体育大学などが首位争いをするリーグだが、私は高校時代と同様、身体能力だけで野球をプレーしていた。同級生の愛敬尚史《あいきょうひさし》（元大阪近鉄、東北楽天）とバッテリーを組み、「西の藤井彰人《あきひと》（当時は、近畿大学。元大阪近鉄・東北楽天・阪神、現阪神バッテリーコーチ）、東の里崎智也」と言っていただくこともあったが、特別なテクニックを習得したということはなかった。まず、愛敬はプロに行くほどの好投手だったため、リードや配球について深く考える必要がない。さらに、地肩《じがた》が強かったので、力任せのスローイングで盗塁を刺すこともできた。打撃も、それほど深く考えずに結果を出していた。この時期にホームランを量産できるようになったことを覚えている。大学2年生のときには、4試合連続ホームランも記録した。悩

むことなどなかった。

これは先ほど書いたように、ベンチプレス100キロを上げられるようになるなど、全体的に筋肉量が増えたことが大きい。パワー＝出力。筋肉がないと、飛ばすことに関しては、さすがに難しいと思う。

かくして、下級生のころから首都大学リーグで活躍できた私は、3年秋には22季ぶりとなるリーグ優勝を果たし、明治神宮野球大会にも出場。翌1998年オフのドラフト会議で千葉ロッテから2位で指名され、プロ入りした。大学でそれなりの成績を残して注目されるようになったので、ドラフト前はさすがに指名を想定してはいたが、高校時代を考えると、私自身、驚きの展開だ。恩師の髙橋先生も、「歴代でいちばん弱かった代からプロ野球選手が出るんだから、世の中わからん」と、首をかしげていたほどだった。

プロの世界に入ると、いきなり大きなケガに見舞われた。1年目の99年に手首を骨折し、2年目に、その影響で手術。2004年には、半月板《はんげつばん》の手術もしている。そのせいか、2年目くらいまでは、私をサードへコンバートする案が浮上し、実際、二軍の試合では守っていた。

私自身は内野を守ることについては、特別な感情はなかった。野球のような団体競技において、ましてやプロにおいては、上から「今日はサードな」と言われたら、黙って守るしかない。拒否をすれば、使われなくなって終わりだ。私の場合は、幸いにも山中潔コー

1998年秋のドラフト2位で入団した著者(右から2人目)。2014年の引退まで、千葉ロッテひと筋。

チが猛反対してくれたため、コンバート案は立ち消えて捕手を続けられることになったが、もし、本当にサードに転向していたら、今ごろプロ野球界にはいなかったかもしれない。

ちなみに、サードについては、一軍でもオープン戦で一度だけ守ったことがある。初芝清さんがオープン戦なのにデッドボールを受けてしまい、ベンチに捕手しか残っていなかった。残りあと1イニングだけだったので、誰か行かせようということになり、「サト、サードやってたから、行けるやん?」と言われ、「行けますよ、行けますよ」と引き受けた。

守ってみての感想はどうだったかというと、オープン戦だったので、「責任ないから、ラクだな」と思っただけだ。1回だけ、ファウルフライが飛んできたが、キャッチャーフライと感覚的な違いはない。普通に捕ることができた。そのほかにも、同じく最後の1イニングだけファーストを守ったことがあるが、プロ入りして以降、基本的に捕手以外のポジションをしたいと思ったことはない。

例えば、19年限りで引退した阿部慎之助がそうだったように、「晩年になったら、野手として打撃に専念するようなことは考えなかったのか?」と問われたら、「ないっすね」としか言いようがない。それほどまでに捕手が好きというよりは、捕手をやめたら面白くなくなると思うからだ。

その後、私は03年から打撃で結果を残して、以後、引退するまで一軍に定着するようになった。その要因としては、配球読みのスキルが向上したことが挙げられる。狙い球を絞《しぼ》れるようになり、打撃が大きく変わった。この配球論については、第3章で詳しく書いたとおりだが、捕手としては、1年目から山中さんにプロでやっていくための技術、体力についてゼロから叩《たた》き込まれた。裏を返せば、それがあっての一軍定着でもあった。

ポジティブでもネガティブでも、自分がラクなほうでいい

私がプロ野球で成功した要因として、持ち前のポジティブさを挙げる人がいる。だが、私はポジティブでも、他人はそれぞれ。ネガティブであっても、成功するならどちらでもいいと考えている。

とくに自覚はないが、人から言われて考えてみると、確かに私はポジティブ思考かもしれない。プレッシャーに潰《つぶ》されるタイプは、結果からの逆算で物事を考えていることが多い。

「金メダルを取れなかったら、どうしよう」

「ここで打たなかったら、二軍に落とされるかもしれない」

そんなことばかり考えていたら、誰だってつらいに決まっている。私はそんなことを思ったことはただの一度もない。

私は逆算ではなくて、常に積み上げ方式で考える。

「これとこれを練習して、これができるようになったら勝てる」

「あの打者を打ち取るためには、ここをこうして攻めなくてはいけない」

こういう発想だ。だから、やるのみ。できたら勝つ、できなきゃ、負けるだけのこと。

「どうしよう」というのがないから、ポジティブということになるのだと思う。

ただ、それは私の中で、「どうしよう」と考えてもつらいばかりであり、「行ける、行ける」と考えたほうがラクというだけに過ぎない。だから、「石橋を叩いても渡らない」ほど慎重な人は、おそらくネガティブに、最悪を想定してそれに備えながら動くほうが逆にラクなのだと思う。そして、プレッシャーに耐え抜いた先に、いい結果にたどり着くのだろう。

であれば、話はシンプルである。自分に合うほうを選べばいいだけのことだ。無理に自分の性格を変える必要はない。大事なことはプロセスではなく、結果を出すことである。

最悪なのは、他人から押しつけられたり、鵜呑《うの》みにしたりするなどして、自分と合わない思考を無理強《むりじ》いした結果、失敗してしまうことだ。例えば、「ポジティブ思考になろう！」と一大決心して、なんの根拠もなく「行ける、行ける！」と無謀《むぼう》に考え、ミスを連発する人。逆に慎重になりすぎて、一歩も前に踏み出せなくなってしまった人。そうなって苦しむくらいなら、自分に合わない思考法に固執することはない。さっさと自分に合う自然なほうに変えてしまうことをおすすめする。

よく、「捕手はネガティブ思考のほうが、常に最悪を想定して避けられるからいい」と言われることがある。そのせいで、私はたびたび、「サトは捕手っぽくない」「里崎の考え方は捕手に向かない」と叩かれたものだが、無理してネガティブになってなんの得があるのか？　アプローチの仕方が違うだけで、最終的に結果につながればいいだけのことだ。

だから、もし、「捕手はネガティブ思考」と決めつけているなら、今ここで私が修正の宣言をしておく。

「キャッチャーの思考にポジティブもネガティブもない。結果に結びつけるのが捕手的思考である」

これは、野球に限ったことではない。世の中すべてに通じることだと、私は思っている。常にこうした発想で動いている私は、小学生のころからプロに至るまで、ずっと楽しくプレーすることができた。ほとんど遊びと同じだったと言っていい。ネガティブ思考の人からすると、またまた不謹慎なことを言っているように思うかもしれないが、野球をすることを英語で「play《プレー》（遊ぶ）」と言うのだから、間違ってはいないのではなかろうか。

ただ、プロになって変わったのは、そこに責任と対価がついてくるようになったということだけだ。それをどう受け止めるかということになるが、私は「大学まではお金を払いながらプレーしていたのに、プロではお金をもらえるようになった。こんなにうれしいことはない」と思っていた。プレーして（遊んで）大金をもらえる。それは、最高の仕事ではないか。だから、どんなに厳しい練習でもやりきることができたのだ。

要は、子どもがゲームに夢中になるのと同じである。好きだから、最初はクリアできなくても、必死になって何時間でもプレーする。ときには攻略本を買ったり、友だちの話を聞いたりして、困難を乗り越えようとする。なぜなら、好きなことだから。

勉強も同じだろう。勉強好きな人は、どんなに難しくても、参考書を買ったり、人に聞いたりして、能力を上げていく。勉強嫌いの人は、努力をせず、乗り越えられることもない。先ほど述べたように、無理をしてまで同じようにする必要はないが、どちらでもいけるということであれば、私は断然積み上げ式のポジティブ思考を推奨《すいしょう》する。

そして、それが里崎流の「捕手的思考」ということだ。

北京《ペキン》オリンピック予選で、宮本慎也さんと口論になったこと

ポジティブとネガティブに関しては、考え方の違いで宮本慎也さん（元東京ヤクルト）と言い争いになったことがある。

07年12月に開催された北京《ペキン》オリンピック予選でのこと。このとき、台湾との予選試合で、青木宣親が絶不調でまったく打てなかった。青木は私に、「サトさん、全然打てないです。マジ、やばいっす」と弱音を吐《は》いた。そこで私は、「お前、今、日本でいちばんいい左打者だろう？　２００本近く（この07年は１９３本。05年は２０２本、06年は１９２本）ヒットを打ったんだから。お前が打てなくて、誰が文句言えるんだ」と励《はげ》ました。加えて、「お前が打てなくて負けたとしたら、それはチームの責任であって、お前の責任でもなんでもない。思いきってやれ。あとはもう、勝つか負けるかは終わったらわかる。負けたら、負けたときやろ。それでも、最終予選があるし」とも言った。

すると、それを聞いていた慎也さんが、「なんやお前、負けてもいいって」と怒り出したのだ。もちろん、私は「負けてもいい」というニュアンスで言ったつもりはなかった。試合、打席においての心構えの話をしていただけのことだ。

しかし、慎也さんは、「でも、お前、負けたら負けたでいいって言ったやろ。どういうことや？」とぶつかってきた。そこで思わず私も、「じゃあ言いますけど、慎也さん、試合する前から、勝つとか負けるとかって左右する力を持っているんですか？　慎也さんは神様なんですか？」と言い返してしまった。

ちなみに、慎也さんはこの一件を自著に記している。慎也さんにとってはあまり面白くない記憶だったはずだが、それにもかかわらず、ちゃんと書いてあった。だからこそ、「この本には、全部本当のことが書いてあるんだな」と信用することができた。

プロ野球の選手や指導者の著書で、私自身が関わった人のものを読むと、「そんなことを言われた経験は1回もないぞ、これは嘘《うそ》で自分を美化しているな」と思ってしまうことがある。そういう箇所《かしょ》を1つでも見つけてしまうと、その本全体がまったく信用できない無用の長物《ちょうぶつ》となってしまうものだ。

慎也さんは結果からの逆算で考えるから、ネガティブな思考になるタイプである。北京オリンピックを含めて、国際大会の代表になったときは、眠れない夜が続くという。このときは口論になったが、もちろんその後すぐに和解しており、厳しい姿勢で挑《いど》むリーダーシップを信用し、また、プレーヤーとしての能力の高さを認めている人でもある。

19年のシーズン終了後、2年間務めた東京ヤクルトのコーチを退任したが、慎也さんの貢献度は高く、評価されるべきだと思う。そして、もしヤクルト球団が本当に評価しているのであれば、是《ぜ》が非《ひ》でも退団を引き止めなければいけなかった。「小川淳司《じゅんじ》監督だけに責任をとらせるわけにはいかない」という考えで退任することは、慎也さんらしさを感じさせられるが、つくづくもったいないことだったと思う。

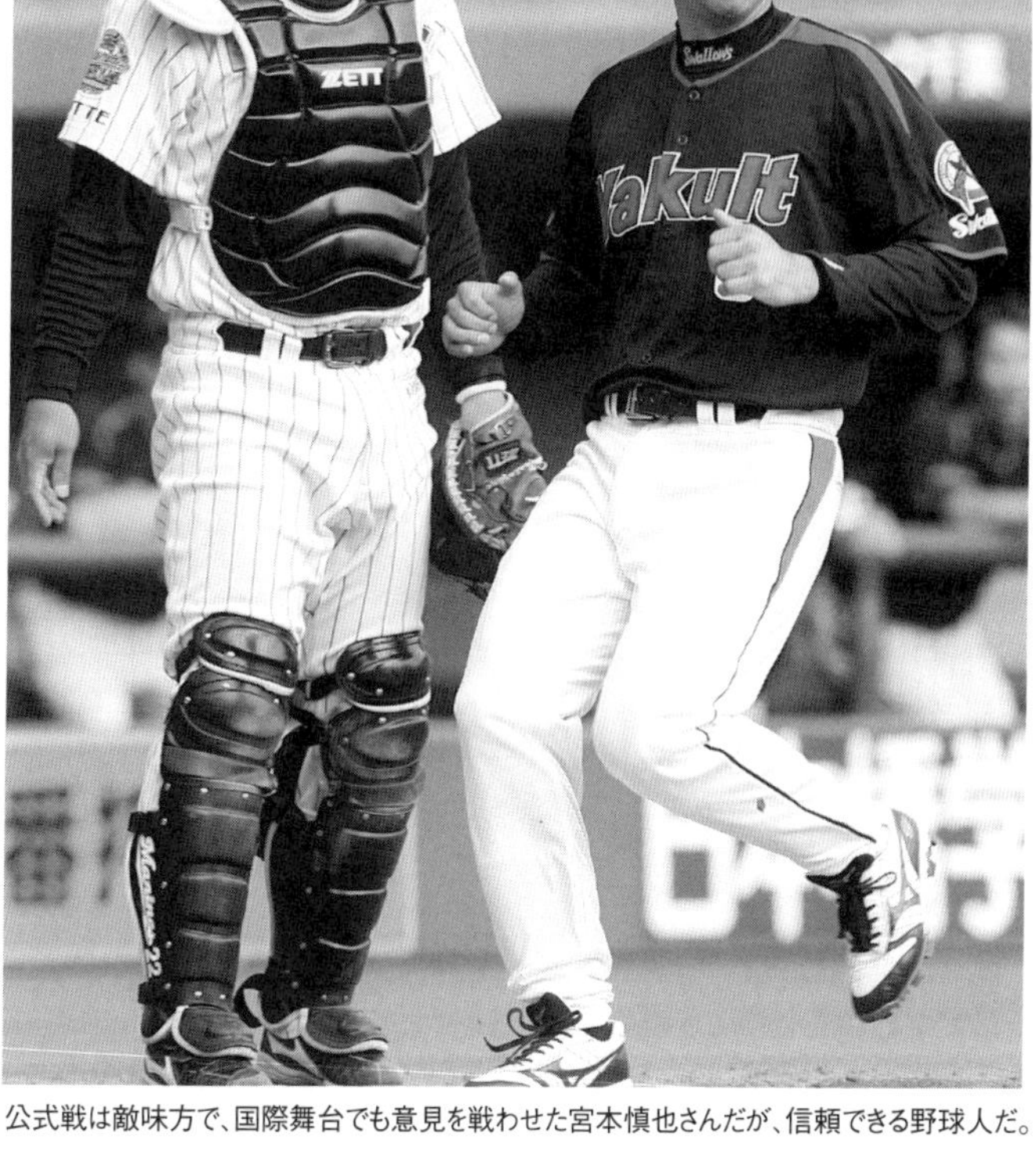

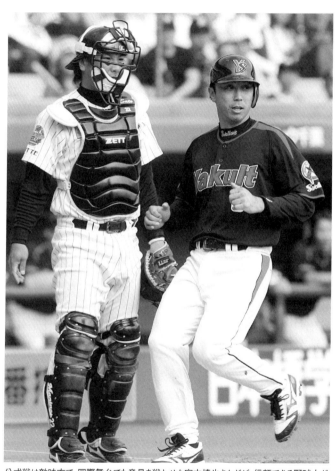

公式戦は敵味方で、国際舞台でも意見を戦わせた宮本慎也さんだが、信頼できる野球人だ。

どんなことでも、本当に必死に練習すればうまくなる

これから捕手を目指す人に、「うまくなるためには、どうすればいいですか?」と聞かれたら、答えは1つしかない。

「練習すれば、うまくなる」だ。

私の経験上、「うまくならない、うまくならない」と言う人に限って、練習をしていない。例えば、ゴルフでもそうだ。「ゴルフが上達しないんだよね」と言う人が、打ちっ放《ぱな》しに行って練習をしている姿など見たことがない。草野球でも同じ。試合の日だけ行って軽く練習をしても、うまくなるはずはない。捕手としてうまくなりたいのなら、例えばバッティングセンターへ行って、球を打つのではなく、ミットで受ける練習をしているか? それも、年一などではなく、ひんぱんにやっているか? ということ。「いやいや、そこまでは。プロではないんだから」などと言い出したら、その時点で、「じゃあ、仕方がないですね」としか言いようがなくなる。やろうと思えば、誰にでもできる練習はたくさんあるはずだ。

もちろん、ただ練習をしているだけでは、うまくならない。理にかなった方法を見つけて、反復練習をすること。それが、うまくなる近道でもある。このことは、捕手に限らず、

野手にしても投手にしても、そして、打撃や走塁についても、同じことが言える。

確かに、人間には個人差がある。中には、さして練習しなくても最初からある程度うまい人はいるかもしれない。だが、そういう人よりもうまくなりたいのならば、なおさら効率良く、数多く練習する以外にないだろう。

「私は生まれつき、体が固いんです」

これも、よく聞く話。まるで、どうしようもないような言い方で最初からあきらめてしまっているが、毎日、柔軟体操やストレッチをたくさんしていますか？　ということ。私は今でこそ両足を広げてお尻をついた状態から前に体を伸ばして顔を地面につけることができるが、それは生まれつきできたわけではない。苦手なことであれば、なおさら時間を割《さ》いて、数多く練習しなくては克服などできるはずがない。今、このページを読んだ瞬間から、少しでも練習するように行動してほしい。

話を捕手の上達について戻すと、ここまで言うには言ったが、若い選手はかわいそうだと思う部分もある。少年野球を見ると、捕手経験のある指導者が少なく、教えられる人はほとんどいないのではないかと感じる。キャッチャーミットを1年間つけて野球をしたことがある指導者が、果たしてどのくらいいるだろうか。捕手はミットの使い方や構え方などから教えなければならないものだが、それすら満足にできていないようでは、教えてもらう側も不幸である。教え方がわからないということは、例えば、本書で紹介している練習方法を実行したとしても、そのやり方できちんと練習ができているかどうかのチェックもできないはずだ。

「いや、ちょっと練習がうまくいってないよ。もっとこうしなきゃ」なのか、「おっ、今の良かったね」なのかの判断ができないのは大問題である。「こうしなさい」ということは誰にでもできる。しかし、できているかどうかを判別できておらず、結局、「試合で結果が出たから、うまくできている」「結果が出ていないから、うまくできていない」という思考に陥《おちい》ってしまったら、お話にならない。プロであれば、ある意味、結果がすべてだからそれでもいい。しかし、基本を身につけるべき少年野球で、その考え方は最悪だ。結果が出ても、「できていない」。結果が出なくても、「今のいいよ」と言えることが良い指導者の重要なポイントであるだけに、そのあたりについて多くの指導者は今一度考えてみて、できていないのであれば、改善に動いてほしい。

これは打撃で例えると、わかりやすい。右に強い打球を放つ練習をしたとしよう。試合でライトにいいライナーを打ったとして、「なんだ、アウトじゃダメだ」と言う場合と、「今の、形ができていて良かったよ」と言う場合。もちろん後者が適切であることは、もうおわかりだろう。私が打っているとしたら、さらに、ライトへのポップフライだったとしても、「今の形は良かったけど、ちょっとタイミングが合わなかったね。でも、形はいいから、今のスタイルを維持しよう」という指導者の言葉が欲しい。右方向へのファウルですら、「いい形だったから、そのままアジャストしていこう」と、前向きに話してほしいくらいだ。

守備でも、同じことが言える。たとえランナーを刺せなかったとしても、正しい動きができていたら「今のスローイングは良かった」と言ってほしいし、刺せたとしてもスローイングの形が良くなかったら、「今のはダメだ」と指摘してもらいたい。

ただ、現在のアマチュア指導者にここまで求めることは酷《こく》だとも思う。私もプロに入るまで、本格的に教えてもらったことはほとんどなく、見よう見まねでやっていただけだ。

捕手に関して、ハッキリと言えるのは、「キャッチングがへたな選手は、絶対にうまくならない」ということ。優先順位をつけるとすれば、第2章でお話ししたように、キャッチング→ブロッキング→スローイングだ。まずは、捕れるようになること。それには、捕るための構えができていなくてはならない。

だから、私が野球少年に教えるときは、必ず、構え方から始める。構えができれば、キャッチング。キャッチングができるようになれば、ブロッキング。その要領で、スローイングまで到達させる。ほかに優先順位の高いものなどない。

仮に配球やリードが抜群にうまい選手がいたとしても、捕れない、止められない、投げられないでは、とても本塁を任せられない。それは、誰が考えても否定できないことだろう。

ちなみに、私が監督になったら、最低限の守備ができて、打てるキャッチャーを起用する。打てない選手を打てるようにする場合と、守備がへたな選手をそこそこうまくする場合では、後者のほうが簡単だからだ。捕って、止めて、投げるというプレーは、練習をすれば、絶対に上達する。もちろん、ここまでに再三述べてきたように、結果論でしかないリードに関しては、評価しない。そのほうが、試合で勝つために必要とされる捕手になりえるのである。

私の考える「捕手的視点」や「キャッチャー思考」は、そのすべてが最終的に試合に勝つこと、結果を出すことのために、自身の発想や経験から得たノウハウとして身についたもの。そこには、もちろん、ぶっ倒れるようなことがありながら続けた練習も含まれている。

物事をシンプルに考え、たくさん練習する。この考えは、おそらく、一般的な社会全体にも通じる部分が数多くあると思う。

となれば、あとはやるだけのこと。ここから多くの「捕手的視点、思考」を備えた野球人、社会人が誕生することを願っている。

おわりに

シンプル・イズ・ベストという言葉があるが、改めて振り返ると、私の「捕手的視点」「捕手的思考」もシンプルそのもの。不確定要素はできるだけ排除して、事実に基《もと》づくこと、理論的に筋《すじ》が通る考え方を中心に置き、物事を進めてきた。当然ながら、日ごろの野球解説でも、同じスタイルを心がけている。

捕手というのは、投手やほかの野手と比べて、より多くの場面に関係してくるため、1つのことに固執しすぎると、行き届かないことが増えてしまう。それでは、「勝てる捕手」にはなれない。となれば、事実に基づいて優先順位を明確に整理できる「ぶれない考え」を養い、それをどんな場面においてもクールに遂行《すいこう》していく必要がある。

本書ではその考え方を、捕手以外のポジションや、打撃、走塁、ベンチワーク、マネージメントに至るまで、率直に貫かせてもらった。最後までご覧いただけたのならば、私の「キャッチャー思考」などの本質を少なからず感じ取ってもらえたのではないだろうか。

こうしたトータルの処理能力、言わば「捕手の力」を培《つちか》ってこられたおかげで、自分の能力とプレーに自信が芽生《めば》え、気持ちに余裕が生まれ、野球だけでなく、現役を引退した今でも日々を前向きに楽しむことができている。読者のみなさまにとって、私の考え方が今後の人生に少しでもお役に立てることを願っている。

森友哉捕手との対談も有意義だった。解説者として、守備やバッティングを見ることは数多くあったが、ヒザを突き合わせて話す機会というのはなかなかあるものではない。一見、感性中心でやっているようで、実はかなり頭を使っているということについては、プレーぶりからもその雰囲気を感じていたので、とくに驚きはない。だが、その本質、そして彼の野球に対する真摯《しんし》な姿勢を改めて確認できたことは良かった。舞台裏を明かすと、実はこの「W《ダブル》トモヤ」による対談は、2年越しで実現したものだった。2019年のキャンプ前から動いていたものの、お互いのスケジュールが折り合わず、持ち越しとなっていたのだ。だが、待った甲斐《かい》があった。それほど価値のある対談になったと思う。解説はフラットな姿勢で行う必要があるので、あくまで、12人いる各球団のレギュラー捕手の1人としてではあるが、今後の彼のプレーを多くの野球ファンと一緒に見守り続けていきたい。

最後に、本書の制作にあたって、ご尽力《じんりょく》いただいた廣済堂出版や関係者のみなさまには、大変お世話になった。この場を借りて、お礼を申し上げておく。

2020年5月
里崎智也

巻末付録 セ・パ捕手部門 ゴールデングラブ賞&ベストナイン歴代受賞者一覧

パ・リーグ捕手		セ・リーグ捕手		年度
ベストナイン	ゴールデングラブ賞	ベストナイン	ゴールデングラブ賞	
野村克也(南海)⑯	種茂雅之(阪急)①	田淵幸一(阪神)①	大矢明彦(ヤクルト)①	1972
野村克也(南海)⑰	野村克也(南海)①	田淵幸一(阪神)②	田淵幸一(阪神)①	1973
村上公康(ロッテ)①	村上公康(ロッテ)①	田淵幸一(阪神)③	田淵幸一(阪神)②	1974
野村克也(南海)⑱	有田修三(近鉄)①	田淵幸一(阪神)④	大矢明彦(ヤクルト)②	1975
野村克也(南海)⑲	有田修三(近鉄)②	田淵幸一(阪神)⑤	大矢明彦(ヤクルト)③	1976
加藤俊夫(日本ハム)①	加藤俊夫(日本ハム)①	木俣達彦(中日)④	大矢明彦(ヤクルト)④	1977
中沢伸二(阪急)①	中沢伸二(阪急)①	大矢明彦(ヤクルト)①	大矢明彦(ヤクルト)⑤	1978
梨田昌崇(近鉄)①	梨田昌崇(近鉄)①	木俣達彦(中日)⑤	若菜嘉晴(阪神)①	1979
梨田昌崇(近鉄)②	梨田昌崇(近鉄)②	大矢明彦(ヤクルト)②	大矢明彦(ヤクルト)⑥	1980
梨田昌崇(近鉄)③	梨田昌崇(近鉄)③	山倉和博(巨人)①	山倉和博(巨人)①	1981
中沢伸二(阪急)②	大宮龍男(日本ハム)①	中尾孝義(中日)①	中尾孝義(中日)①	1982
香川伸行(南海)①	梨田昌崇(近鉄)④	山倉和博(巨人)②	山倉和博(巨人)②	1983
藤田浩雅(阪急)①	藤田浩雅(阪急)①	達川光男(広島)①	達川光男(広島)①	1984
伊東勤(西武)①	伊東勤(西武)①	八重樫幸雄(ヤクルト)①	木戸克彦(阪神)①	1985
伊東勤(西武)②	伊東勤(西武)②	達川光男(広島)②	達川光男(広島)②	1986
伊東勤(西武)③	伊東勤(西武)③	山倉和博(巨人)③	山倉和博(巨人)③	1987
伊東勤(西武)④	伊東勤(西武)④	達川光男(広島)③	達川光男(広島)③	1988
山下和彦(近鉄)①	中嶋聡(オリックス)①	中尾孝義(巨人)②	中尾孝義(巨人)②	1989
伊東勤(西武)⑤	伊東勤(西武)⑤	村田真一(巨人)①	古田敦也(ヤクルト)①	1990
伊東勤(西武)⑥	伊東勤(西武)⑥	古田敦也(ヤクルト)①	古田敦也(ヤクルト)②	1991
伊東勤(西武)⑦	伊東勤(西武)⑦	古田敦也(ヤクルト)②	古田敦也(ヤクルト)③	1992
田村藤夫(日本ハム)①	田村藤夫(日本ハム)①	古田敦也(ヤクルト)③	古田敦也(ヤクルト)④	1993
吉永幸一郎(ダイエー)①	伊東勤(西武)⑧	西山秀二(広島)①	西山秀二(広島)①	1994
中嶋聡(オリックス)①	伊東勤(西武)⑨	古田敦也(ヤクルト)④	古田敦也(ヤクルト)⑤	1995
吉永幸一郎(ダイエー)②	高田誠(オリックス)①	西山秀二(広島)②	西山秀二(広島)②	1996
伊東勤(西武)⑧	伊東勤(西武)⑩	古田敦也(ヤクルト)⑤	古田敦也(ヤクルト)⑥	1997
伊東勤(西武)⑨	伊東勤(西武)⑪	谷繁元信(横浜)①	谷繁元信(横浜)①	1998
城島健司(ダイエー)①	城島健司(ダイエー)①	古田敦也(ヤクルト)⑥	古田敦也(ヤクルト)⑦	1999
城島健司(ダイエー)②	城島健司(ダイエー)②	古田敦也(ヤクルト)⑦	古田敦也(ヤクルト)⑧	2000
城島健司(ダイエー)③	城島健司(ダイエー)③	古田敦也(ヤクルト)⑧	古田敦也(ヤクルト)⑨	2001
伊東勤(西武)⑩	城島健司(ダイエー)④	阿部慎之助(巨人)①	阿部慎之助(巨人)①	2002
城島健司(ダイエー)④	城島健司(ダイエー)⑤	矢野輝弘(阪神)①	矢野輝弘(阪神)①	2003
城島健司(ダイエー)⑤	城島健司(ダイエー)⑥	古田敦也(ヤクルト)⑨	古田敦也(ヤクルト)⑩	2004
城島健司(ソフトバンク)⑥	城島健司(ソフトバンク)⑦	矢野輝弘(阪神)②	矢野輝弘(阪神)②	2005
里崎智也(ロッテ)①	里崎智也(ロッテ)①	矢野輝弘(阪神)③	谷繁元信(中日)②	2006
里崎智也(ロッテ)②	里崎智也(ロッテ)②	阿部慎之助(巨人)②	谷繁元信(中日)③	2007
細川亨(西武)①	細川亨(西武)①	阿部慎之助(巨人)③	阿部慎之助(巨人)②	2008
田上秀則(ソフトバンク)①	鶴岡慎也(日本ハム)①	阿部慎之助(巨人)④	谷繁元信(中日)④	2009
嶋基宏(楽天)①	嶋基宏(楽天)①	阿部慎之助(巨人)⑤	城島健司(阪神)①	2010
細川亨(ソフトバンク)②	細川亨(ソフトバンク)②	阿部慎之助(巨人)⑥	谷繁元信(中日)⑤	2011
鶴岡慎也(日本ハム)①	炭谷銀仁朗(西武)①	阿部慎之助(巨人)⑦	谷繁元信(中日)⑥	2012
嶋基宏(楽天)②	嶋基宏(楽天)②	阿部慎之助(巨人)⑧	阿部慎之助(巨人)③	2013
伊藤光(オリックス)①	伊藤光(オリックス)①	阿部慎之助(巨人)⑨	阿部慎之助(巨人)④	2014
炭谷銀仁朗(西武)①	炭谷銀仁朗(西武)②	中村悠平(ヤクルト)①	中村悠平(ヤクルト)①	2015
田村龍弘(ロッテ)①	大野奨太(日本ハム)①	石原慶幸(広島)①	石原慶幸(広島)①	2016
甲斐拓也(ソフトバンク)①	甲斐拓也(ソフトバンク)①	會澤翼(広島)①	小林誠司(巨人)①	2017
森友哉(西武)①	甲斐拓也(ソフトバンク)②	會澤翼(広島)②	梅野隆太郎(阪神)①	2018
森友哉(西武)②	甲斐拓也(ソフトバンク)③	會澤翼(広島)③	梅野隆太郎(阪神)②	2019

*○囲みの数字は同一リーグ・同一ポジションでの受賞回数。1972～85年のゴールデングラブ賞は「ダイヤモンドグラブ賞」の名称。ベストナインは1972年以降の受賞者のみ掲載

年度別打撃成績（一軍）

※カッコ内は故意四球（敬遠）

年度	チーム	試合	打席	打数	得点	安打	二塁打	三塁打	本塁打	塁打	打点	盗塁	盗塁刺	犠打	犠飛	四球	死球	三振	併殺打	打率	出塁率	長打率
2000	千葉ロッテ	4	7	7	2	3	2	0	0	5	1	0	0	0	0	0	0	2	1	.429	.429	.714
2001	千葉ロッテ	9	19	18	0	5	0	1	0	7	5	0	0	0	0	1	0	6	0	.278	.316	.389
2002	千葉ロッテ	12	25	23	1	1	0	0	1	4	1	0	0	0	0	2	0	9	0	.043	.120	.174
2003	千葉ロッテ	78	253	213	28	68	13	2	8	109	39	0	1	6	5	22(2)	7	45	4	.319	.393	.512
2004	千葉ロッテ	61	195	174	20	37	7	0	6	62	19	0	0	3	1	17(1)	0	41	3	.213	.281	.356
2005	千葉ロッテ	94	333	297	40	90	19	2	10	143	52	1	0	6	2	25	3	74	7	.303	.361	.481
2006	千葉ロッテ	116	449	382	50	101	23	1	17	177	56	2	1	8	5	45(3)	9	95	7	.264	.351	.463
2007	千葉ロッテ	127	528	477	56	129	27	3	14	204	75	1	0	4	6	36(1)	5	109	4	.270	.324	.428
2008	千葉ロッテ	92	381	330	54	86	8	0	15	139	45	1	1	2	2	44(2)	3	92	8	.261	.351	.421
2009	千葉ロッテ	124	479	414	39	97	22	1	10	151	49	0	2	5	5	49(2)	6	121	7	.234	.321	.365
2010	千葉ロッテ	78	295	247	40	65	10	0	10	105	29	1	0	2	1	40(1)	5	91	8	.263	.375	.425
2011	千葉ロッテ	109	397	338	28	75	8	1	5	100	25	0	1	12	4	40	3	91	7	.222	.306	.296
2012	千葉ロッテ	120	439	385	35	94	12	0	9	133	41	0	1	14	3	33(2)	4	80	11	.244	.308	.345
2013	千葉ロッテ	48	157	134	13	30	4	0	3	43	17	0	0	3	4	11(1)	5	35	5	.224	.299	.321
2014	千葉ロッテ	17	41	37	3	9	2	0	0	11	4	0	0	0	0	3	1	6	1	.243	.317	.297
通算		1089	3998	3476	409	890	157	11	108	1393	458	6	7	65	38	368(15)	51	897	73	.256	.333	.401

年度別守備成績（一軍）

※太字はリーグ最高

年度	試合	捕逸	盗塁企図数	許盗塁	盗塁刺	盗塁阻止率	刺殺	補殺	失策	併殺	守備率
2000	4	0	1	1	0	.000	15	3	0	0	1.000
2001	8	0	2	2	0	.000	23	2	2	0	.926
2002	12	0	2	1	1	.500	32	4	0	0	1.000
2003	69	3	48	30	18	.375	386	34	2	8	.995
2004	51	1	32	23	9	.281	294	26	1	7	.997
2005	89	1	35	21	14	**.400**	500	31	3	5	.994
2006	109	3	62	37	25	.403	771	54	10	12	.988
2007	125	1	71	49	22	.310	802	68	10	8	.989
2008	69	1	37	27	10	.270	435	33	3	1	.994
2009	122	3	89	55	**34**	**.382**	826	68	7	11	.992
2010	77	3	58	48	10	.172	552	35	3	1	.995
2011	104	2	82	61	21	.256	614	59	5	6	.993
2012	118	1	75	52	23	.307	630	51	3	4	.996
2013	46	1	17	14	3	.176	256	19	0	1	1.000
2014	15	0	4	3	1	.250	79	4	0	0	1.000
通算	1018	20	615	424	191	.311	6215	491	49	64	.993

表　彰

- ベストナイン：2回（2006、2007年）
- ゴールデングラブ賞：2回（2006、2007年）
- 最優秀バッテリー賞：2回
  （2005年／投手：渡辺俊介《しゅんすけ》、2007年／投手：成瀬《なるせ》善久《よしひさ》）
- パ・リーグクライマックスシリーズ
  第2ステージ敢闘賞：1回（2007年）
- パ・リーグクライマックスシリーズ
  ファーストステージMVP：1回（2010年）
- オールスターゲーム優秀選手賞：1回（2006年第1戦）
- オールスターゲームベストバッター賞：1回（2010年第2戦）
- フレッシュオールスターゲームMVP（2001年）
- WBC（ワールド・ベースボール・クラシック）ベストナイン
  （捕手部門／2006年）

おもな個人記録

- WBC日本代表（2006年）
- 北京《ペキン》オリンピック日本代表（2008年）
- オールスターゲーム出場：7回
  （2005〜2007年、2009〜2012年）
- 通算最少捕逸《ほいつ》：20捕逸
  （1000試合以上出場捕手）
  ※NPB歴代1位

［著者プロフィール］

里崎智也　Tomoya Satozaki

1976年5月20日生まれ、徳島県鳴門《なると》市出身。鳴門市立鳴門工業高校（現・徳島県立鳴門渦潮《うずしお》高校）－帝京大学－千葉ロッテマリーンズ（1999～2014年）。98年オフのドラフトで千葉ロッテから2位指名され、入団。打撃面では、大舞台や短期決戦での勝負強さが光り、05年は、福岡ソフトバンクとのプレーオフで本塁打2本、阪神との日本シリーズで本塁打1本を放《はな》って、チームをシーズン2位から31年ぶりの日本一へ導く。翌06年の第1回WBC（ワールド・ベースボール・クラシック）では、日本代表の優勝に貢献し、捕手部門のベストナインに選出される。10年は埼玉西武、福岡ソフトバンクとのクライマックスシリーズや、続く中日との日本シリーズでの活躍で、「史上最大の下《げ》剋《こく》上《じょう》」と自ら称した、「シーズン3位からの日本一」を成し遂《と》げた。守備面では、通算1018試合で捕《ほ》逸《いつ》がわずか20と傑出《けっしゅつ》。05年と09年に、盗塁阻止率リーグ1位を記録。通算成績は、1089試合出場、打率.256、458打点、108本塁打。ベストナイン2回（06、07年）、ゴールデングラブ賞2回（06、07年）。引退後は、15年1月に千葉ロッテのスペシャルアドバイザーに就任したほか、野球解説者のみならず、テレビの情報番組でのコメンテーターや、ラジオパーソナリティーなどにも活動の幅を広げている。YouTube『里崎チャンネル』は、チャンネル登録者28万人を超え、大好評配信中。

［対談パートナー プロフィール］

森 友哉　Tomoya Mori

1995年8月8日生まれ、大阪府堺《さかい》市出身。右投左打、170cm、85kg。大阪桐蔭《とういん》高校－埼玉西武ライオンズ（2014年～）。背番号10。大阪桐蔭高校2年時に、藤浪晋太郎投手（現阪神タイガース）とのバッテリーで甲子園春夏連覇を果たす。13年オフのドラフトで埼玉西武から1巡目指名を受け、入団。14年、高卒新人史上初の代打本塁打3本など、早くも大器の片鱗《へんりん》を見せる。15年、オールスターファン投票で10代として史上初の最多得票での出場（指名打者部門）。18年にはチーム最多の81試合でマスクをかぶり、10年ぶりのリーグ優勝に貢献。初のベストナインに輝いた。19年は名実ともに正捕手となり、打率.329で初の首位打者を獲得（捕手では史上4人目、史上最年少）。パ・リーグMVPと、2度目のベストナインにも選出された。20年は選手会長に就任し、リーグ3連覇と日本一に挑む。

MASTERS METHOD

捕手的視点で勝つ

役立つキャッチャー思考・技術&他ポジション・攻撃への活用法

2020年6月15日　第1版第1刷

著者	里崎智也
対談協力	森友哉(埼玉西武ライオンズ)
企画・プロデュース	寺崎江月(株式会社 no.1)
構成	キビタキビオ
構成協力	落合初春　栗栖章
撮影	小池義弘(私服・対談写真など)
写真協力	Shutterstock(カバー写真)　キビタキビオ(P35、142) 産経新聞社・スポーツニッポン新聞社(本文ユニフォーム写真など)
装丁・本文デザイン	永瀬洋一(有限会社 デザインコンプレックス)
デザイン協力	南千賀
DTP	株式会社 三協美術
編集協力	長岡伸治(株式会社 プリンシパル)　浅野博久(株式会社ギグ) 根本明　松本恵
編集	岩崎隆宏(廣済堂出版)
発行者	後藤高志
発行所	株式会社 廣済堂出版 〒101-0052 東京都千代田区神田小川町2-3-13 M&Cビル7F 電 話　編集 03-6703-0964／販売 03-6703-0962 FAX　販売 03-6703-0963 振 替　00180-0-164137 URL　https://www.kosaido-pub.co.jp
印刷所・製本所	株式会社 廣済堂

ISBN978-4-331-52293-6　C0075

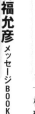

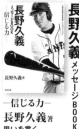

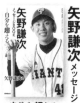

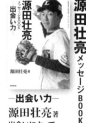

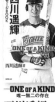

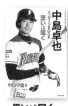

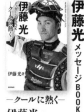

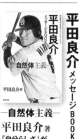